Smagsfuld Indien

En Rejse gennem Kulinarisk Magi

Sofie Johansen

Indhold

Grøntsagspandekager

Gør 12

ingredienser

2 spsk arrowroot pulver

4-5 store kartofler, kogt og revet

1 spsk raffineret vegetabilsk olie plus lidt mere til stegning

125 g/4½ oz besan*

25 g/1 oz lidt frisk kokosnød, revet

4-5 cashewnødder

3-4 rosiner

125 g/4½ oz frosne ærter, kogte

2 tsk tørrede granatæblekerner

2 tsk groftkværnet koriander

1 tsk fennikelfrø

½ tsk malet sort peber

½ tsk chilipulver

1 tsk amchoor*

½ tsk stensalt

Salt efter smag

Metode

- Ælt arrowroot, kartofler og 1 spsk olie. Læg til side.

- For at lave fyldet blandes de resterende ingredienser undtagen olien.

- Fordel kartoffeldejen i runde pandekager. Læg en skefuld fyld i midten af hver patty. Luk dem som en lomme og flad dem.

- Varm resten af olien op i en gryde. Steg bøfferne ved svag varme, indtil de er gyldenbrune. Serveres varm.

Bhel spirede bønner

(Salt snack med spirede bønner)

Til 4 personer

ingredienser

100 g/3½ oz spirede mungbønner, kogte

250 g/9 oz kaala chana*, kogt

3 store kartofler, kogte og hakkede

2 store tomater, fint hakkede

1 mellemstort løg, hakket

Salt efter smag

Til pynt:

2 spsk myntechutney

2 spsk varm, sød mango chutney

4-5 spiseskefulde yoghurt

100 g/3½ oz kartoffelchips, knust

10 g/¼oz korianderblade, hakket

Metode

- Bland alle ingredienser sammen undtagen ingredienserne til toppingen.

- Pynt i den rækkefølge, der er angivet i ingredienserne. Server straks.

Aloo Kachori

(Stegt kartoffelbolle)

Giver 15

ingredienser

350 g/12 oz fuldkornsmel

1 spsk raffineret vegetabilsk olie plus lidt mere til stegning

1 tsk ajwain frø

Salt efter smag

5 kartofler, kogte og mosede

2 tsk chilipulver

1 spsk hakkede korianderblade

Metode

- Ælt mel, 1 spsk olie, ajwain frø og salt sammen. Del i limestore kugler. Flad hver mellem dine håndflader og sæt til side.
- Bland kartofler, chilipulver, korianderblade og lidt salt.
- Placer en del af denne blanding i midten af hver patty. Luk ved at klemme kanterne sammen.
- Varm olien op i en gryde. Steg kachorierne ved middel varme, indtil de er gyldenbrune. Afdryp og server varm.

Kost

(slankepandekage)

Gør 12

ingredienser

300g/10oz mung dhal*, gennemblødt i 250 ml/8 fl oz vand i 3-4 timer

3-4 grønne chilier

2,5 cm/1in ingefærrod

100 g/3½ oz semulje

1 spsk creme fraiche

50 g hakkede korianderblade

6 karryblade

Raffineret vegetabilsk olie til smøring

Salt efter smag

Metode

- Bland dhal med grønne chili og ingefær. Slib sammen.
- Tilsæt semulje og cremefraiche. Bland godt. Tilsæt korianderblade, karryblade og nok vand til at lave en tyk pasta.

- Smør en flad pande og varm den op. Hæld 2 spsk dej ovenpå og fordel med bagsiden af en ske. Kog i 3 minutter ved svag varme. Vend tilbage og gentag.
- Gentag for resten af dejen. Serveres varm.

Næringsrulle

Giver 8-10

ingredienser

200 g/7 oz spinat, finthakket

1 gulerod, finthakket

125 g/4½ oz frosne ærter

50g/1¾oz spirede mungbønner

3-4 store kartofler, kogte og mosede

2 store løg, finthakket

½ tsk ingefærpasta

½ tsk hvidløgspasta

1 grøn chilipeber, finthakket

½ tsk amchoor*

Salt efter smag

½ tsk chilipulver

3 spsk finthakkede korianderblade

Raffineret vegetabilsk olie til overfladisk stegning

8-10 chapattis

2 spsk varm, sød mango chutney

Metode

- Damp spinat, gulerødder, ærter og mungbønner sammen.

- Bland de dampede grøntsager med kartofler, løg, ingefærpasta, hvidløgspasta, grøn chili, amchoor, salt, chilipulver og korianderblade. Ælt godt til en jævn blanding.

- Form blandingen til små koteletter.

- Varm olien op i en gryde. Steg koteletterne ved middel varme, indtil de er gyldenbrune. Dræn og reserver.

- Fordel en varm, sød mangochutney på en chapatti. Læg en kotelet i midten og rul chapatti'en.

- Gentag for alle chapattis. Serveres varm.

Sabudana Palak Doodhi Uttapam

(Crêpe med sago, spinat og flaskegræskar)

Giv 20

ingredienser

1 tsk toor dhal*

1 tsk mung dhal*

1 tsk urad bønner*

1 tsk masoor dhal*

3 teskefulde ris

100 g/3½ oz groftmalet sago

50 g spinat, dampet og malet

græskar*, revet

125 g/4½ oz besan*

½ tsk stødt spidskommen

1 tsk mynteblade, finthakket

1 grøn chilipeber, finthakket

½ tsk ingefærpasta

Salt efter smag

100 ml/3½ fl oz vand

Raffineret vegetabilsk olie til stegning

Metode

- Slib toor dhal, mung dhal, urad bønner, masoor dhal og ris sammen. Læg til side.

- Læg sagoen i blød i 3 til 5 minutter. Dræn helt.

- Bland med dhal og malet risblanding.

- Tilsæt spinat, flaskegræskar, besan, stødt spidskommen, mynteblade, grøn chili, ingefærpasta, salt og nok vand til at lave en tyk pasta. Stil til side i 30 minutter.

- Smør en pande og varm den op. Hæld 1 spsk dej i formen og fordel den med bagsiden af en ske.

- Dæk til og kog over medium varme, indtil undersiden er lysebrun. Vend tilbage og gentag.

- Gentag for resten af dejen. Serveres varm med tomatketchup eller grøn kokosnøddechutney

Poha

Til 4 personer

ingredienser

150 g/5½ oz poha*

1½ spsk raffineret vegetabilsk olie

½ tsk spidskommen frø

½ tsk sennepsfrø

1 stor kartoffel, finthakket

2 store løg, skåret i tynde skiver

5-6 grønne chilier, finthakket

8 karryblade, hakket groft

tsk gurkemeje

45 g ristede jordnødder (valgfrit)

25 g/1 oz frisk kokosnød, revet eller skrabet

10g/¼oz korianderblade, finthakket

1 tsk citronsaft

Salt efter smag

Metode

- Vask pohaen godt. Dræn vandet helt og stil pohaen til side i et dørslag i 15 minutter.

- Løsn forsigtigt poha-klumperne med fingrene. Læg til side.

- Varm olien op i en gryde. Tilsæt spidskommen og sennepsfrø. Lad dem spytte i 15 sekunder.

- Tilsæt de hakkede kartofler. Sauter ved middel varme i 2-3 minutter. Tilsæt løg, grønne chili, karryblade og gurkemeje. Kog indtil løgene er gennemsigtige. Fjern fra ilden.

- Tilsæt poha, ristede peanuts og halvdelen af de revne kokos- og korianderblade. Rør for at blande godt.

- Drys med citronsaft og salt. Kog ved svag varme i 4-5 minutter.

- Pynt med de resterende kokos- og korianderblade. Serveres varm.

Grøntsagsskalop

Gør 10-12

ingredienser

2 løg, finthakket

5 fed hvidløg

tsk fennikelfrø

2-3 grønne chilier

10g/¼oz korianderblade, finthakket

2 store gulerødder, finthakkede

1 stor kartoffel, finthakket

1 lille rødbede, finthakket

50 g/1¾oz grønne bønner, fint hakkede

50g/1¾oz grønne ærter

900 ml/1½ pints vand

Salt efter smag

tsk gurkemeje

2-3 spsk besan*

1 spsk raffineret vegetabilsk olie plus lidt mere til stegning

50 g rasp

Metode

- Kværn 1 løg, hvidløg, fennikelfrø, grønne chilier og korianderblade til en jævn masse. Læg til side.

- Kom gulerødder, kartofler, rødbeder, grønne bønner og ærter i en gryde. Tilsæt 500 ml vand, salt og gurkemeje og kog ved middel varme til grøntsagerne er møre.

- Mos grøntsagerne godt og stil til side.

- Bland besanen og det resterende vand sammen for at danne en glat pasta. Læg til side.

- Varm 1 spsk olie op i en gryde. Tilsæt det resterende løg og sauter indtil det er gennemsigtigt.

- Tilsæt løg-hvidløgspastaen og steg i et minut ved middel varme under konstant omrøring.

- Tilsæt grøntsagsmosen og bland godt.

- Fjern fra varmen og lad afkøle.

- Fordel denne blanding i 10-12 kugler. Flad mellem håndfladerne for at lave bøffer.

- Dyp bøfferne i dejen og rul dem i rasp.

- Varm olien op i en gryde. Steg bøfferne til de er gyldenbrune på begge sider.

- Serveres varm med ketchup.

Soja Uppit

(Soja snack)

Til 4 personer

ingredienser

1½ spsk raffineret vegetabilsk olie

½ tsk sennepsfrø

2 grønne chilier, finthakket

2 røde peberfrugter, finthakket

Knip af asafoetida

1 stort løg, finthakket

2,5 cm ingefærrod, revet i julien

10 fed hvidløg, finthakket

6 karryblade

100 g/3½ oz sojaskrå*, tørristet

100 g/3½ oz semulje, tørristet

200 g/7 oz ærter

500 ml varmt vand

tsk gurkemeje

1 tsk sukker

1 tsk salt

1 stor tomat, finthakket

2 spsk korianderblade, finthakket

15 rosiner

10 cashewnødder

Metode

- Varm olien op i en gryde. Tilsæt sennepsfrøene. Lad dem spytte i 15 sekunder.

- Tilsæt grønne chili, røde chili, asafoetida, løg, ingefær, hvidløg og karryblade. Kog over medium varme i 3 til 4 minutter, omrør ofte.

- Tilsæt sojaskrå, semulje og ærter. Kog indtil begge typer semulje bliver gyldenbrune.

- Tilsæt det varme vand, gurkemeje, sukker og salt. Kog over medium varme, indtil vandet tørrer op.

- Pynt med tomat, korianderblade, rosiner og cashewnødder.

- Serveres varm.

Upma

(gryn til morgenmad)

Til 4 personer

ingredienser

1 spiseskefuld ghee

150 g/5½ oz semulje

1 spiseskefuld raffineret vegetabilsk olie

tsk sennepsfrø

1 tsk urad dhal*

3 grønne chili, skåret på langs

8-10 karryblade

1 mellemstort løg, finthakket

1 mellemstor tomat, finthakket

750 ml/1¼ pints vand

1 dynget teskefuld sukker

Salt efter smag

50 g dåseærter (valgfrit)

25 g/få korianderblade, finthakket

Metode

- Varm ghee i en gryde. Tilsæt semulje og steg, under jævnlig omrøring, indtil semuljen bliver gyldenbrun. Læg til side.

- Varm olien op i en gryde. Tilsæt sennepsfrø, urad dhal, grønne chili og karryblade. Steg indtil urad dhal bliver brun.

- Tilsæt løget og svits ved svag varme, indtil det er gennemsigtigt. Tilsæt tomaten og steg i yderligere 3-4 minutter.

- Tilsæt vandet og bland godt. Kog over medium varme, indtil blandingen begynder at koge. Bland godt.

- Tilsæt sukker, salt, semulje og ærter. Bland godt.

- Kog ved lav varme under konstant omrøring i 2-3 minutter.

- Pynt med korianderblade. Serveres varm.

Vermicelli Upma

(løg vermicelli)

Til 4 personer

ingredienser

3 spiseskefulde raffineret vegetabilsk olie

1 tsk mung dhal_*_

1 tsk urad dhal_*_

tsk sennepsfrø

8 karryblade

10 jordnødder

10 cashewnødder

1 mellemstor kartoffel, finthakket

1 stor gulerod, finthakket

2 grønne chilier, finthakket

1 cm/½ ingefærrod, finthakket

1 stort løg, finthakket

1 tomat, finthakket

50g/1¾oz frosne ærter

Salt efter smag

1 liter/1¾ pints vand

200 g/7 oz vermicelli

2 spiseskefulde ghee

Metode

- Varm olien op i en gryde. Tilsæt mung dhal, urad dhal, sennepsfrø og karryblade. Lad dem spytte i 30 sekunder.
- Tilsæt peanuts og cashewnødder. Steg ved middel varme, indtil de er gyldenbrune.
- Tilsæt kartoflen og guleroden. Steg i 4-5 minutter.
- Tilsæt chilipeber, ingefær, løg, tomat, ærter og salt. Kog over medium varme under jævnlig omrøring, indtil grøntsagerne er møre.
- Tilsæt vandet og bring det i kog. Bland godt.
- Tilsæt vermicelli under konstant omrøring for at undgå klumper.
- Dæk med låg og kog ved svag varme i 5-6 minutter.
- Tilsæt ghee og bland godt. Serveres varm.

Bonda

(Kartoffelkotelet)

Giv 10

ingredienser

5 spiseskefulde raffineret vegetabilsk olie plus ekstra til stegning

½ tsk sennepsfrø

2,5 mm/1 i ingefærrod, finthakket

2 grønne chilier, finthakket

50 g finthakkede korianderblade

1 stort løg, finthakket

4 mellemstore kartofler, kogte og mosede

1 stor gulerod, finthakket og kogt

125 g/4½ oz dåseærter

Knip gurkemeje

Salt efter smag

1 tsk citronsaft

250 g/9 oz besan*

200 ml vand

½ tsk bagepulver

Metode

- Varm 4 spsk olie op i en gryde. Tilsæt sennepsfrø, ingefær, grønne chili, korianderblade og løg. Kog over medium varme, omrør lejlighedsvis, indtil løget bruner.

- Tilsæt kartofler, gulerod, ærter, gurkemeje og salt. Kog ved lav varme i 5 til 6 minutter, omrør lejlighedsvis.

- Drys med citronsaft og del blandingen i 10 kugler. Læg til side.

- Bland besan, vand og gær med 1 spsk olie for at lave dejen.

- Varm olien op i en gryde. Dyp hver kartoffelkugle i dej og steg ved middel varme, indtil de er gyldenbrune.

- Serveres varm.

Instant Dhokla

(Instant dampet velsmagende kage)

Udbytte 15-20

ingredienser

250 g/9 oz besan*

1 tsk salt

2 spsk sukker

2 spiseskefulde raffineret vegetabilsk olie

½ spsk citronsaft

240 ml/8 fl oz vand

1 spsk bagepulver

1 tsk sennepsfrø

2 grønne chili, skåret på langs

Et par karryblade

1 spsk vand

2 spsk korianderblade, finthakket

1 spsk frisk kokos, revet

Metode

- Bland besan, salt, sukker, 1 spsk olie, citronsaft og vand til en jævn pasta.

- Smør en 20 cm rund kageform.

- Tilsæt bagepulveret til dejen. Bland godt og hæld straks i den smurte form. Damp i 20 minutter.

- Gennembor med en gaffel for at tjekke, om det er færdigt. Hvis gaflen ikke kommer ren ud, skal du dampe igen i 5 til 10 minutter. Læg til side.

- Varm resten af olien op i en gryde. Tilsæt sennepsfrøene. Lad dem spytte i 15 sekunder.

- Tilsæt grønne chili, karryblade og vand. Kog ved svag varme i 2 minutter.

- Hæld denne blanding over dhoklaen og lad den opsuge væsken.

- Pynt med korianderblade og revet kokos.

- Skær i firkanter og server med myntechutney

Dhal Maharani

(Sorte linser og røde bønner)

Til 4 personer

ingredienser

150 g/5½ oz urad dhal_*_

2 spsk røde bønner

1,4 liter/2½ pints vand

Salt efter smag

1 spiseskefuld raffineret vegetabilsk olie

½ tsk spidskommen frø

1 stort løg, finthakket

3 mellemstore tomater, hakkede

1 tsk ingefærpasta

½ tsk hvidløgspasta

½ tsk chilipulver

½ tsk garam masala

120 ml frisk flydende fløde

Metode

- Udblød urad dhal og kidneybønner sammen natten over. Dræn og kog sammen i en gryde med vand og salt i 1 time ved middel varme. Læg til side.

- Varm olien op i en gryde. Tilsæt spidskommen frøene. Lad dem spytte i 15 sekunder.

- Tilsæt løget og steg ved middel varme, indtil det er gyldenbrunt.

- Tilsæt tomaterne. Bland godt. Tilsæt ingefærpasta og hvidløgspasta. Steg i 5 minutter.

- Tilsæt dhal og kogte bønneblanding, chilipulver og garam masala. Bland godt.

- Tilsæt fløden. Lad simre i 5 minutter under jævnlig omrøring.

- Serveres varm med naan eller dampede ris

Milagu Kuzhambu

(Split rødt gram i pebersauce)

Til 4 personer

ingredienser

2 teskefulde ghee

2 tsk korianderfrø

1 spiseskefuld tamarindpasta

1 tsk kværnet sort peber

¼ teskefuld asafoetida

Salt efter smag

1 spiseskefuld toor dhal*, lavede mad

1 liter/1¾ pints vand

tsk sennepsfrø

1 grøn chilipeber, hakket

tsk gurkemeje

10 karryblade

Metode

- Varm et par dråber ghee op i en gryde. Tilsæt
korianderfrø og svits ved middel varme i 2 minutter.
Afkøl og mal.

- Kombiner med tamarindpasta, peber, asafoetida, salt
og dhal i en stor gryde.

- Tilsæt vandet. Bland godt og bring det i kog ved middel
varme. Læg til side.

- Varm resten af gheen op i en gryde. Tilsæt sennepsfrø,
grøn chili, gurkemeje og karryblade. Lad dem spytte i
15 sekunder.

- Tilføj dette til dhal'en. Serveres varm.

Dhal Hariyali

(Bladgrøntsager med delt bengalsk gram)

Til 4 personer

ingredienser

300g/10oz toor dhal*

1,4 liter/2½ pints vand

Salt efter smag

2 spiseskefulde ghee

1 tsk spidskommen frø

1 løg, finthakket

½ tsk ingefærpasta

½ tsk hvidløgspasta

½ tsk gurkemeje

50 g/1 oz spinat, hakket

10 g/¼oz bukkehornsblade, finthakket

25 g/få korianderblade 1 oz

Metode

- Kog dhalen med vandet og saltet i en gryde i 45 minutter under jævnlig omrøring. Læg til side.

- Varm gheen op i en gryde. Tilsæt spidskommen, løg, ingefærpasta, hvidløgspasta og gurkemeje. Kog i 2 minutter ved lav varme under konstant omrøring.

- Tilsæt spinat, bukkehornsblade og korianderblade. Bland godt og lad det simre i 5-7 minutter.

- Serveres varm med dampede ris

Dhalcha

(Split Bengal Gram med lam)

Til 4 personer

ingredienser

150 g/5½ oz chana dhal*

150 g/5½ oz to eller dhal*

2,8 liter/5 pints vand

Salt efter smag

2 spiseskefulde tamarindpasta

2 spiseskefulde raffineret vegetabilsk olie

4 store løg, hakket

5 cm/2 i ingefærrod, revet

10 fed hvidløg, knust

750 g/1 lb 10 oz lam, hakket

1,4 liter/2½ pints vand

3-4 tomater, hakkede

1 tsk chilipulver

1 tsk gurkemeje

1 tsk garam masala

20 karryblade

25 g/få korianderblade, finthakket

Metode

- Kog dhalerne med vandet og saltet i 1 time ved middel varme. Tilsæt tamarindpastaen og mos godt. Læg til side.
- Varm olien op i en gryde. Tilsæt løg, ingefær og hvidløg. Steg ved middel varme, indtil de er brune. Tilsæt lammet og rør konstant, indtil det er brunt.
- Tilsæt vand og lad det simre, indtil lammet er mørt.
- Tilsæt tomater, chilipulver, gurkemeje og salt. Bland godt. Kog i yderligere 7 minutter.
- Tilsæt dhal, garam masala og karryblade. Bland godt. Lad simre i 4-5 minutter.
- Pynt med korianderblade. Serveres varm.

Tarkari Dhalcha

(Bengal Gram Split med grøntsager)

Til 4 personer

ingredienser

150 g/5½ oz chana dhal*

150 g/5½ oz to eller dhal*

Salt efter smag

3 liter/5¼ pints vand

10g/¼oz mynteblade

10g/¼oz korianderblade

2 spiseskefulde raffineret vegetabilsk olie

½ tsk sennepsfrø

½ tsk spidskommen frø

Knip bukkehornsfrø

Knip kalonji frø*

2 tørrede røde peberfrugter

10 karryblade

½ tsk ingefærpasta

½ tsk hvidløgspasta

½ tsk gurkemeje

1 tsk chilipulver

1 tsk tamarindpasta

500g/1lb 2oz græskar, fint skåret

Metode

- Kog de to dhaler med salt, 2,5 liter vand og halvdelen af mynte og koriander i en gryde ved middel varme i 1 time. Kværn til en tyk pasta. Læg til side.
- Varm olien op i en gryde. Tilsæt sennep, spidskommen, bukkehorn og kalonjifrø. Lad dem spytte i 15 sekunder.

- Tilsæt røde chili og karryblade. Brun ved middel varme i 15 sekunder.
- Tilsæt dhalpasta, ingefærpasta, hvidløgspasta, gurkemeje, chilipulver og tamarindpasta. Bland godt. Kog over medium varme, omrør ofte, i 10 minutter.
- Tilsæt resten af vandet og græskarret. Lad det simre til græskarret er kogt.
- Tilsæt de resterende mynte- og korianderblade. Kog i 3-4 minutter.
- Serveres varm.

Dhokar Dhalna

(Karrystegte dhal-terninger)

Til 4 personer

ingredienser

600g/1lb 5oz chana dhal*, gennemblødt hele natten

120 ml vand

Salt efter smag

4 spiseskefulde raffineret vegetabilsk olie plus lidt mere til stegning

3 grønne chili, hakket

½ tsk asafoetida

2 store løg, finthakket

1 laurbærblad

1 tsk ingefærpasta

1 tsk hvidløgspasta

1 tsk chilipulver

tsk gurkemeje

1 tsk garam masala

1 spsk korianderblade, finthakket

Metode

- Kværn dhal med vand og lidt salt til en tyk pasta. Læg til side.

- Varm 1 spsk olie op i en gryde. Tilsæt grønne chili og asafoetida. Lad dem spytte i 15 sekunder. Rør dhal-pastaen og lidt mere salt i. Bland godt.

- Fordel denne blanding på en tallerken til afkøling. Skær i stykker på 2,5 cm.

- Varm fritureolien op i en gryde. Steg stykkerne til de er gyldenbrune. Læg til side.

- Varm 2 spsk olie op i en gryde. Svits løgene, indtil de er brune. Kværn dem til en pasta og sæt dem til side.

- Opvarm den resterende 1 spsk olie i en gryde. Tilsæt laurbærblad, stegte dhal-stykker, stegt løgpasta, ingefærpasta, hvidløgspasta, chilipulver, gurkemeje og garam masala. Tilsæt nok vand til at dække dhal-stykkerne. Bland godt og lad det simre i 7 til 8 minutter.

- Pynt med korianderblade. Serveres varm.

Øben

(Simpel Split Red Gram Dhal)

Til 4 personer

ingredienser

300g/10oz toor dhal*

2,4 liter/4 pints vand

¼ teskefuld asafoetida

½ tsk gurkemeje

Salt efter smag

Metode

- Kog alle ingredienserne i en gryde i cirka 1 time ved middel varme.
- Serveres varm med dampede ris

Søde Dhal

(Sweet Split Red Gram)

Til 4-6 personer

ingredienser

300g/10oz toor dhal*

2,5 liter/4 pints vand

Salt efter smag

tsk gurkemeje

En stor knivspids asafoetida

½ tsk chilipulver

5 cm/2 tommer stykke jaggery*

2 teskefulde raffineret vegetabilsk olie

tsk spidskommen frø

tsk sennepsfrø

2 tørrede røde peberfrugter

1 spsk korianderblade, finthakket

Metode

- Vask og kog toor dhal med vand og salt i en gryde ved svag varme i 1 time.
- Tilsæt gurkemeje, asafoetida, chilipulver og jaggery. Kog i 5 minutter. Bland godt. Læg til side.
- Varm olien op i en lille gryde. Tilsæt spidskommen, sennepsfrø og tørre røde chilier. Lad dem spytte i 15 sekunder.
- Hæld dette i dhal og bland godt.
- Pynt med korianderblade. Serveres varm.

Sød og sur dhal

(Sødt og surt split rødt gram)

Til 4-6 personer

ingredienser

300g/10oz toor dhal*

2,4 liter/4 pints vand

Salt efter smag

tsk gurkemeje

¼ teskefuld asafoetida

1 tsk tamarindpasta

1 tsk sukker

2 teskefulde raffineret vegetabilsk olie

½ tsk sennepsfrø

2 grønne chilipeber

8 karryblade

1 spsk korianderblade, finthakket

Metode

- Kog toor dhal i en gryde med vand og salt ved middel varme i 1 time.
- Tilsæt gurkemeje, asafoetida, tamarindpasta og sukker. Kog i 5 minutter. Læg til side.
- Varm olien op i en lille gryde. Tilsæt sennepsfrø, grønne chili og karryblade. Lad dem spytte i 15 sekunder.
- Hæld dette krydderi i dhal'en.
- Pynt med korianderblade.
- Serveres varm med dampede ris eller chapattis

Mung-ni-Dhal

(Split det grønne gram)

Til 4 personer

ingredienser

300g/10oz mung dhal*

1,9 liter/3½ pints vand

Salt efter smag

tsk gurkemeje

½ tsk ingefærpasta

1 grøn chilipeber, finthakket

tsk sukker

1 spiseskefuld ghee

½ tsk sesamfrø

1 lille løg, hakket

1 fed hvidløg, hakket

Metode

- Kog mung dhal med vand og salt i en gryde ved middel varme i 30 minutter.

- Tilsæt gurkemeje, ingefærpasta, grøn chili og sukker. Bland godt.

- Tilsæt 120 ml vand, hvis dhal er tør. Lad simre i 2-3 minutter og stil til side.

- Varm gheen op i en lille gryde. Tilsæt sesamfrø, løg og hvidløg. Steg dem i 1 minut under konstant omrøring.

- Tilføj dette til dhal'en. Serveres varm.

Dhal med løg og kokos

(Rød Gramme skåret med løg og kokos)

Til 4-6 personer

ingredienser

300g/10oz toor dhal_*_

2,8 liter/5 pints vand

2 grønne chili, hakket

1 lille løg, hakket

Salt efter smag

tsk gurkemeje

1½ tsk vegetabilsk olie

½ tsk sennepsfrø

1 spsk korianderblade, finthakket

50 g frisk kokos, revet

Metode

- Kog toor dhal med vand, grønne chili, løg, salt og gurkemeje i en gryde ved middel varme i 1 time. Læg til side.

- Varm olien op i en gryde. Tilsæt sennepsfrøene. Lad dem spytte i 15 sekunder.

- Hæld dette i dhal og bland godt.

- Pynt med korianderblade og kokos. Serveres varm.

Dahi Kadhi

(Karry lavet med yoghurt)

Til 4 personer

ingredienser

1 spiseskefuld besan*

Yoghurt 250 g/9 oz

750 ml/1¼ pints vand

2 teskefulde sukker

Salt efter smag

½ tsk ingefærpasta

1 spiseskefuld raffineret vegetabilsk olie

tsk sennepsfrø

tsk spidskommen frø

tsk bukkehornsfrø

8 karryblade

10g/¼oz korianderblade, finthakket

Metode

- Bland besanen med yoghurt, vand, sukker, salt og ingefærpasta i en stor gryde. Bland godt for at undgå klumper.

- Kog blandingen over medium varme, indtil den begynder at tykne, under jævnlig omrøring. Bring i kog. Læg til side.

- Varm olien op i en gryde. Tilsæt sennepsfrø, spidskommen, bukkehornsfrø og karryblade. Lad dem spytte i 15 sekunder.

- Hæld denne olie over besanblandingen.

- Pynt med korianderblade. Serveres varm.

Spinat Dhal

(Spinat med Split Green Gram)

Til 4 personer

ingredienser

300g/10oz mung dhal*

1,9 liter/3½ pints vand

Salt efter smag

1 stort løg, hakket

6 fed hvidløg, hakket

tsk gurkemeje

100 g/3½ oz spinat, hakket

½ tsk amchoor*

Knip garam masala

½ tsk ingefærpasta

1 spiseskefuld raffineret vegetabilsk olie

1 tsk spidskommen frø

2 spsk korianderblade, finthakket

Metode

- Kog dhalen med vandet og saltet i en gryde ved middel varme i 30-40 minutter.

- Tilsæt løg og hvidløg. Kog i 7 minutter.

- Tilsæt gurkemeje, spinat, amchoor, garam masala og ingefærpasta. Bland godt.

- Svits indtil dhal er mør og alle krydderierne er absorberet. Læg til side.

- Varm olien op i en gryde. Tilsæt spidskommen frøene. Lad dem spytte i 15 sekunder.

- Hæld det over dhal'en.

- Pynt med korianderblade. Serveres varm

Tawker Dhal

(Surre flækkede røde linser med umoden mango)

Til 4 personer

ingredienser

300g/10oz toor dhal*

2,4 liter/4 pints vand

1 umoden mango, udstenet og skåret i kvarte

½ tsk gurkemeje

4 grønne chilipeber

Salt efter smag

2 tsk sennepsolie

½ tsk sennepsfrø

1 spsk korianderblade, finthakket

Metode

- Kog dhalen med vand, mangostykker, gurkemeje, grønne chili og salt i en time. Læg til side.
- Varm olien op på en pande og tilsæt sennepsfrø. Lad dem spytte i 15 sekunder.
- Tilføj dette til dhal'en. Lad simre til det er tyknet.
- Pynt med korianderblade. Serveres varm med dampede ris

Grundlæggende Dhal

(Split rød gram med tomat)

Til 4 personer

ingredienser

300g/10oz toor dhal*

1,2 liter/2 pints vand

Salt efter smag

tsk gurkemeje

½ spiseskefuld raffineret vegetabilsk olie

tsk spidskommen frø

2 grønne chili, skåret på langs

1 mellemstor tomat, finthakket

1 spsk korianderblade, finthakket

Metode

- Kog toor dhal med vandet og saltet i en gryde i 1 time ved middel varme.
- Tilsæt gurkemeje og bland godt.
- Hvis dhalen er for tyk, tilsættes 120 ml vand. Bland godt og stil til side.
- Varm olien op i en gryde. Tilsæt spidskommen og lad dem sprøjte i 15 sekunder. Tilsæt grønne chili og tomat. Steg i 2 minutter.
- Tilføj dette til dhal'en. Bland og lad det simre i 3 minutter.
- Pynt med korianderblade. Serveres varm med dampede ris

Maa-ki-Dhal

(Rig Black Gram)

Til 4 personer

ingredienser

240 g kaali dhal*

125 g/4½ oz røde bønner

2,8 liter/5 pints vand

Salt efter smag

3,5 cm/1½ i rod ingefær, julieneret

1 tsk chilipulver

3 tomater, purerede

1 spiseskefuld smør

2 teskefulde raffineret vegetabilsk olie

1 tsk spidskommen frø

2 spsk flydende fløde

Metode

- Læg dhal og kidneybønner i blød natten over.
- Kog med vand, salt og ingefær i en gryde i 40 minutter ved middel varme.
- Tilsæt chilipulver, tomatpuré og smør. Lad simre i 8-10 minutter. Læg til side.
- Varm olien op i en gryde. Tilsæt spidskommen frøene. Lad dem spytte i 15 sekunder.
- Tilføj dette til dhal'en. Bland godt.
- Tilsæt fløden. Serveres varm med dampede ris

Dhansak

(Spicy Parsi Split Red Gram)

Til 4 personer

ingredienser

3 spiseskefulde raffineret vegetabilsk olie

1 stort løg, finthakket

2 store tomater, hakkede

½ tsk gurkemeje

½ tsk chilipulver

1 spiseskefuld dhansak masala*

1 spsk malteddike

Salt efter smag

Til dhal-blandingen:

150 g/5½ oz to eller dhal*

75 g/2½ oz mung dhal*

75 g/2½ oz masoor dhal*

1 lille aubergine skåret i kvarte

7,5 cm/3in stykke græskar, skåret i kvarte

1 spsk friske bukkehornsblade

1,4 liter/2½ pints vand

Salt efter smag

Metode

- Kog ingredienserne til dhalblandingen sammen i en gryde ved middel varme i 45 minutter. Læg til side.

- Varm olien op i en gryde. Svits løg og tomater ved middel varme i 2-3 minutter.

- Tilsæt dhal-blandingen og alle resterende ingredienser. Bland godt og kog ved middel varme i 5-7 minutter. Serveres varm.

Masoor Dhal

Til 4 personer

ingredienser

300 g/10 oz masoor dhal*

Salt efter smag

Knip gurkemeje

1,2 liter/2 pints vand

2 spiseskefulde raffineret vegetabilsk olie

6 fed hvidløg, knust

1 tsk citronsaft

Metode

- Kog dhal, salt, gurkemeje og vand i en gryde ved middel varme i 45 minutter. Læg til side.
- Varm olien op på en pande og steg hvidløget brunt. Tilføj til dhal og drys med citronsaft. Bland godt. Serveres varm.

Panchemel Dhal

(Fem linseblanding)

Til 4 personer

ingredienser

75 g/2½ oz mung dhal*

1 spsk chana dhal*

1 spiseskefuld masoor dhal*

1 spiseskefuld toor dhal*

1 spiseskefuld urad dhal*

750 ml/1¼ pints vand

½ tsk gurkemeje

Salt efter smag

1 spiseskefuld ghee

1 tsk spidskommen frø

Knip af asafoetida

½ tsk garam masala

1 tsk ingefærpasta

Metode

- Kog dhalerne med vand, gurkemeje og salt i en gryde i 1 time ved middel varme. Bland godt. Læg til side.

- Varm gheen op i en gryde. Steg de resterende ingredienser i 1 minut.

- Tilsæt dette til dhal'en, bland godt og lad det simre i 3-4 minutter. Serveres varm.

Cholar Dhal

(Split Bengal Gram)

Til 4 personer

ingredienser

600g/1lb 5oz chana dhal*

2,4 liter/5 pints vand

Salt efter smag

3 spiseskefulde ghee

½ tsk spidskommen frø

½ tsk gurkemeje

2 teskefulde sukker

3 nelliker

2 laurbærblade

2,5 cm/1 i kanel

2 grønne kardemommebælg

15 g/½ oz kokosnød, hakket og stegt

Metode

- Kog dhalen med vandet og saltet i en gryde ved middel varme i 1 time. Læg til side.
- Opvarm 2 spsk ghee i en gryde. Tilsæt alle ingredienser undtagen kokos. Lad dem spytte i 20 sekunder. Tilsæt den kogte dhal og kog under godt omrøring i 5 minutter. Tilsæt kokos og 1 spsk ghee. Serveres varm.

Dilpasand Dhal

(Special linser)

Til 4 personer

ingredienser

60 g/2 oz urad bønner*

2 spsk røde bønner

2 spsk kikærter

2 liter/3½ pints vand

tsk gurkemeje

2 spiseskefulde ghee

2 tomater, blancheret og pureret

2 tsk stødt spidskommen, tørristet

125 g/4½ oz yoghurt, pisket

120ml/4fl oz flydende fløde

Salt efter smag

Metode

- Bland bønner, kikærter og vand. Læg i blød i en gryde i 4 timer. Tilsæt gurkemeje og kog i 45 minutter ved middel varme. Læg til side.

- Varm gheen op i en gryde. Tilsæt alle de resterende ingredienser og kog over medium varme, indtil ghee skiller.

- Tilsæt bønne- og kikærteblandingen. Lad det simre til det er tørt. Serveres varm.

Dhal Masoor

(Rød linseåbning)

Til 4 personer

ingredienser

1 spiseskefuld ghee

1 tsk spidskommen frø

1 lille løg, finthakket

2,5 cm ingefærrod, finthakket

6 fed hvidløg, finthakket

4 grønne chili, skåret på langs

1 tomat, pillet og pureret

½ tsk gurkemeje

300 g/10 oz masoor dhal*

1,5 liter/2¾ pints vand

Salt efter smag

2 spsk korianderblade

Metode

- Varm gheen op i en gryde. Tilsæt spidskommen, løg, ingefær, hvidløg, chilipeber, tomat og gurkemeje. Brun i 5 minutter under jævnlig omrøring.

- Tilsæt dhal, vand og salt. Lad simre i 45 minutter. Pynt med korianderblade. Serveres varm med dampede ris

Aubergine dhal

(Linser med aubergine)

Til 4 personer

ingredienser

300g/10oz toor dhal*

1,5 liter/2¾ pints vand

Salt efter smag

1 spiseskefuld raffineret vegetabilsk olie

50 g auberginer i tern

2,5 cm/1 i kanel

2 grønne kardemommebælg

2 nelliker

1 stort løg, finthakket

2 store tomater, fint hakkede

½ tsk ingefærpasta

½ tsk hvidløgspasta

1 tsk stødt koriander

½ tsk gurkemeje

10 g/¼oz korianderblade, til pynt

Metode

- Kog dhalen med vandet og saltet i en gryde i 45 minutter ved middel varme. Læg til side.
- Varm olien op i en gryde. Tilsæt alle de resterende ingredienser undtagen korianderbladene. Steg i 2-3 minutter under konstant omrøring.
- Tilsæt dhal-blandingen. Lad simre i 5 minutter. Pynt og server.

Gul Dhal Tadka

Til 4 personer

ingredienser

300g/10oz mung dhal*

1 liter/1¾ pints vand

tsk gurkemeje

Salt efter smag

3 teskefulde ghee

½ tsk sennepsfrø

½ tsk spidskommen frø

½ tsk bukkehornsfrø

2,5 cm ingefærrod, finthakket

4 fed hvidløg, finthakket

3 grønne chili, skåret på langs

8 karryblade

Metode

- Kog dhalen med vand, gurkemeje og salt i en gryde i 45 minutter ved middel varme. Læg til side.
- Varm gheen op i en gryde. Tilsæt alle resterende ingredienser. Steg dem i 1 minut og hæld over dhalen. Bland godt og server varmt.

Rasam

(krydret tamarind suppe)

Til 4 personer

ingredienser

2 spiseskefulde tamarindpasta

750 ml/1¼ pints vand

8-10 karryblade

2 spsk hakkede korianderblade

Knip af asafoetida

Salt efter smag

2 teskefulde ghee

½ tsk sennepsfrø

Til krydderiblandingen:

2 tsk korianderfrø

2 spiseskefulde toor dhal*

1 tsk spidskommen frø

4-5 pebernødder

1 tørret rød peber

Metode

- Tørsteg og kværn krydderiblandingens ingredienser sammen.

- Bland krydderiblandingen med alle ingredienserne undtagen ghee og sennepsfrø. Kog i 7 minutter ved middel varme i en gryde.

- Varm gheen op i en anden pande. Tilsæt sennepsfrøene og lad dem sprøjte i 15 sekunder. Hæld dette direkte i rasamen. Serveres varm.

Simpel Mung Dhal

Til 4 personer

ingredienser

300g/10oz mung dhal*

1 liter/1¾ pints vand

Knip gurkemeje

Salt efter smag

2 spiseskefulde raffineret vegetabilsk olie

1 stort løg, finthakket

3 grønne chilier, finthakket

2,5 cm ingefærrod, finthakket

5 karryblade

2 tomater, fint hakkede

Metode

- Kog dhal med vand, gurkemeje og salt i en gryde i 30 minutter ved middel varme. Læg til side.
- Varm olien op i en gryde. Tilsæt alle resterende ingredienser. Steg i 3-4 minutter. Tilføj dette til dhal'en. Lad simre til det er tyknet. Serveres varm.

Hel grøn mung

Til 4 personer

ingredienser

250 g/9 oz mungbønner, udblødt natten over

1 liter/1¾ pints vand

½ spiseskefuld raffineret vegetabilsk olie

½ tsk spidskommen frø

6 karryblade

1 stort løg, finthakket

½ tsk hvidløgspasta

½ tsk ingefærpasta

3 grønne chilier, finthakket

1 tomat, finthakket

tsk gurkemeje

Salt efter smag

120 ml mælk

Metode

- Kog bønnerne med vandet i en gryde i 45 minutter ved middel varme. Læg til side.

- Varm olien op i en gryde. Tilsæt spidskommen og karryblade.

- Efter 15 sekunder tilsættes de kogte bønner og alle resterende ingredienser. Bland godt og lad det simre i 7 til 8 minutter. Serveres varm.

Dahi Kadhi med Pakoras

(Yoghurtbaseret karry med stegte kugler)

Til 4 personer

ingredienser
Til pakoraen:

125 g/4½ oz besan*

tsk spidskommen frø

2 tsk hakkede løg

1 hakket grøn peber

½ tsk revet ingefær

Knip gurkemeje

2 grønne chilier, finthakket

½ tsk ajwain frø

Salt efter smag

Olie til stegning

Til kadhi:
Dahi Kadhi

Metode

- I en skål blandes alle pakora-ingredienserne, undtagen olien, med nok vand til at danne en tyk pasta. Steg skefulde i varm olie, indtil de er gyldenbrune.

- Kog kadhien og tilsæt pakoras til den. Lad simre i 3-4 minutter.

- Serveres varm med dampede ris

Sød dhal med umoden mango

(Split rødt gram med umoden mango)

Til 4 personer

ingredienser

300g/10oz toor dhal*

2 grønne chili, skåret på langs

2 teskefulde jaggery*, revet

1 lille løg, skåret i skiver

Salt efter smag

tsk gurkemeje

1,5 liter/2¾ pints vand

1 umoden mango, skrællet og hakket

1½ tsk raffineret vegetabilsk olie

½ tsk sennepsfrø

1 spsk korianderblade, til pynt

Metode

- Bland alle ingredienser undtagen olie, sennepsfrø og korianderblade i en gryde. Kog i 30 minutter ved middel varme. Læg til side.

- Varm olien op i en gryde. Tilsæt sennepsfrøene. Lad dem spytte i 15 sekunder. Hæld det over dhal'en. Pynt og server varm.

Malai Dhal

(Split Black Gram med fløde)

Til 4 personer

ingredienser

300g/10oz urad dhal*, udblødt i 4 timer

1 liter/1¾ pints vand

500 ml/16 fl oz kogt mælk

1 tsk gurkemeje

Salt efter smag

½ tsk amchoor*

2 spsk flydende fløde

1 spiseskefuld ghee

1 tsk spidskommen frø

2,5 cm ingefærrod, finthakket

1 lille tomat, finthakket

1 lille løg, finthakket

Metode

- Kog dhalen med vandet ved middel varme i 45 minutter.

- Tilsæt mælk, gurkemeje, salt, amchoor og fløde. Bland godt og kog i 3-4 minutter. Læg til side.

- Varm gheen op i en gryde. Tilsæt spidskommen, ingefær, tomat og løg. Steg i 3 minutter. Tilføj dette til dhal'en. Bland godt og server varmt.

Sambhar

(Blanding af linser og grøntsager kogt med specielle krydderier)

Til 4 personer

ingredienser

300g/10oz toor dhal*

1,5 liter/2¾ pints vand

Salt efter smag

1 spiseskefuld raffineret vegetabilsk olie

1 stort løg, skåret i tynde skiver

2 teskefulde tamarindpasta

tsk gurkemeje

1 grøn chilipeber, groft hakket

1½ tsk sambhar pulver*

2 spsk korianderblade, finthakket

Til krydderier:

1 grøn chilipeber, delt på langs

1 tsk sennepsfrø

½ tsk urad dhal*

8 karryblade

¼ teskefuld asafoetida

Metode

- Bland alle krydderiingredienserne sammen. Læg til side.
- Kog toor dhal med vand og salt i en gryde ved middel varme i 40 minutter. Knus godt. Læg til side.
- Varm olien op i en gryde. Tilsæt krydderiingredienserne. Lad dem spytte i 20 sekunder.
- Tilsæt den kogte dhal og alle resterende ingredienser undtagen korianderbladene. Kog ved lav varme i 8 til 10 minutter.
- Pynt med korianderblade. Serveres varm.

Tre dhals

(blandede linser)

Til 4 personer

ingredienser

150 g/5½ oz to eller dhal*

75 g/2½ oz masoor dhal*

75 g/2½ oz mung dhal*

1 liter/1¾ pints vand

1 stor tomat, finthakket

1 lille løg, finthakket

4 fed hvidløg, finthakket

6 karryblade

Salt efter smag

tsk gurkemeje

2 spiseskefulde raffineret vegetabilsk olie

½ tsk spidskommen frø

Metode

- Læg dhalerne i blød i vand i 30 minutter. Kog med resten af ingredienserne, undtagen olien og spidskommen, i 45 minutter ved middel varme.
- Varm olien op i en gryde. Tilsæt spidskommen frøene. Lad dem spytte i 15 sekunder. Hæld det over dhal'en. Bland godt. Serveres varm.

Methi-trommestik Sambhar

(Bukkehorn og trommestikker med split rødt gram)

Til 4 personer

ingredienser

300g/10oz toor dhal*

1 liter/1¾ pints vand

Knip gurkemeje

Salt efter smag

2 indiske trommestikker*, hakket

1 tsk raffineret vegetabilsk olie

tsk sennepsfrø

1 rød peberfrugt, skåret i halve

¼ teskefuld asafoetida

10 g/¼oz friske bukkehornsblade, hakket

1¼ tsk sambhar pulver*

1¼ tsk tamarindpasta

Metode

- Kom dhal, vand, gurkemeje, salt og underlår i en gryde. Kog i 45 minutter ved middel varme. Læg til side.
- Varm olie op i en stegepande. Tilsæt alle de resterende ingredienser og sauter i 2-3 minutter. Tilsæt dette til dhal og lad det simre i 7-8 minutter. Serveres varm.

Dhal Shorba

(Linse suppe)

Til 4 personer

ingredienser

300g/10oz toor dhal*

Salt efter smag

1 liter/1¾ pints vand

1 spiseskefuld raffineret vegetabilsk olie

2 store løg, skåret i skiver

4 fed hvidløg, knust

50 g spinatblade, finthakket

3 tomater, fint hakkede

1 tsk citronsaft

1 tsk garam masala

Metode

- Kog dhal, salt og vand i en gryde ved middel varme i 45 minutter. Læg til side.

- Varm olien op. Svits løgene ved middel varme, indtil de bruner. Tilsæt alle de resterende ingredienser og kog i 5 minutter under jævnlig omrøring.

- Tilføj dette til dhal-blandingen. Serveres varm.

Lækker mung

(Hel Mung)

Til 4 personer

ingredienser

250 g/9 oz mungbønner

2,5 liter/4 pints vand

Salt efter smag

2 mellemstore løg, hakket

3 grønne chili, hakket

tsk gurkemeje

1 tsk chilipulver

1 tsk citronsaft

1 spiseskefuld raffineret vegetabilsk olie

½ tsk spidskommen frø

6 fed hvidløg, knust

Metode

- Læg mungbønnerne i blød i vand i 3-4 timer. Kog i en gryde med salt, løg, grønne chili, gurkemeje og chilipulver ved middel varme i 1 time.

- Tilsæt citronsaften. Lad det simre i 10 minutter. Læg til side.

•Varm olien op i en gryde. Tilsæt spidskommen og hvidløg. Brun i 1 minut ved middel varme. Hæld dette i mung-blandingen. Serveres varm.

Masala Toor Dhal

(Spicy Split Red Gram)

Til 4 personer

ingredienser

300g/10oz toor dhal*

1,5 liter/2¾ pints vand

Salt efter smag

½ tsk gurkemeje

1 spiseskefuld raffineret vegetabilsk olie

½ tsk sennepsfrø

8 karryblade

¼ teskefuld asafoetida

½ tsk ingefærpasta

½ tsk hvidløgspasta

1 grøn chilipeber, finthakket

1 løg, finthakket

1 tomat, finthakket

2 teskefulde citronsaft

2 spsk korianderblade, til pynt

Metode

- Kog dhalen med vand, salt og gurkemeje i en gryde i 45 minutter ved middel varme. Læg til side.

- Varm olien op i en gryde. Tilsæt alle ingredienserne undtagen citronsaft og korianderblade. Brun i 3-4 minutter ved middel varme. Hæld det over dhal'en.

- Tilsæt citronsaft og korianderblade. Bland godt. Serveres varm.

Tør gul Mung Dhal

(tør gul gram)

Til 4 personer

ingredienser

300g/10oz mung dhal*, udblødt i 1 time

250 ml/8 fl oz vand

tsk gurkemeje

Salt efter smag

1 spiseskefuld ghee

1 tsk amchoor*

1 spsk hakkede korianderblade

1 lille løg, finthakket

Metode

- Kog dhalen med vand, gurkemeje og salt i en gryde i 45 minutter ved middel varme.
- Opvarm ghee og hæld det over dhal. Drys amchoor, korianderblade og løg ovenpå. Serveres varm.

Hele Urad

(Hele sorte gram)

Til 4 personer

ingredienser

300 g/10 oz urad bønner*, vask

Salt efter smag

1,25 liter/2½ pints vand

tsk gurkemeje

½ tsk chilipulver

½ tsk tørret ingefærpulver

tsk garam masala

1 spiseskefuld ghee

½ tsk spidskommen frø

1 stort løg, finthakket

2 spsk korianderblade, finthakket

Metode

- Kog uradbønnerne med salt og vand i en gryde i 45 minutter ved middel varme.

- Tilsæt gurkemeje, chilipulver, ingefærpulver og garam masala. Bland godt og lad det simre i 5 minutter. Læg til side.

- Varm gheen op i en gryde. Tilsæt spidskommen og lad dem sprøjte i 15 sekunder. Tilsæt løget og steg ved middel varme, indtil det bruner.

- Tilsæt løgblandingen til dhalen og bland godt. Lad det simre i 10 minutter.

- Pynt med korianderblade. Serveres varm.

Dhal Fry

(Split rødt gram med stegte krydderier)

Til 4 personer

ingredienser

300g/10oz toor dhal<u>*</u>

1,5 liter/2¾ pints vand

½ tsk gurkemeje

Salt efter smag

2 spiseskefulde ghee

½ tsk sennepsfrø

½ tsk spidskommen frø

½ tsk bukkehornsfrø

2,5 cm ingefærrod, finthakket

2-3 fed hvidløg, finthakket

2 grønne chilier, finthakket

1 lille løg, finthakket

1 tomat, finthakket

Metode

- Kog dhalen med vand, gurkemeje og salt i en gryde i 45 minutter ved middel varme. Bland godt. Læg til side.

- Varm gheen op i en gryde. Tilsæt sennepsfrø, spidskommen og bukkehornsfrø. Lad dem spytte i 15 sekunder.

- Tilsæt ingefær, hvidløg, grønne chili, løg og tomat. Kog over medium varme i 3 til 4 minutter, omrør ofte. Tilføj dette til dhal'en. Serveres varm.

Fyldt aubergine

Til 4 personer

ingredienser

10 små auberginer

1 stort løg, finthakket

3 spsk frisk kokos, revet

1 tsk stødt spidskommen

1 tsk chilipulver

50 g hakkede korianderblade

Saft af 1 citron

Salt efter smag

3 spiseskefulde raffineret vegetabilsk olie

Metode

- Lav et kryds med en kniv i den ene ende af hver aubergine og skær den uden at skære den anden ende. Læg til side.

- Bland resten af ingredienserne, undtagen olien. Fyld denne blanding i de delte auberginer.

- Varm olien op i en gryde. Tilsæt auberginerne og steg ved middel varme i 3-4 minutter. Dæk til og kog i 10 minutter, vend forsigtigt auberginerne fra tid til anden. Serveres varm.

Sarson ka Saag

(Sennepsgrønt i sauce)

Til 4 personer

ingredienser

3 spiseskefulde raffineret vegetabilsk olie

100 g/3½ oz sennepsgrønt, hakket

200 g/7 oz spinat, finthakket

3 grønne chili, skåret på langs

1 cm/½ i ingefærrod, revet i julien

2 fed hvidløg, knust

Salt efter smag

250 ml/8 fl oz vand

2 spiseskefulde ghee

Smørkugle

Metode

- Varm olien op i en gryde. Tilsæt sennepsgrønt, spinat og grønne chili. Brun dem ved middel varme i et minut.

- Tilsæt ingefær, hvidløg, salt og vand. Bland godt. Lad det simre i 10 minutter.

- Blend blandingen i en blender, indtil den er glat.

- Overfør til en gryde og kog over medium varme i 15 minutter.

- Pynt med smørret. Serveres varm.

Gulerodssoufflé

(Paneer i fyldig sauce)

Til 4 personer

ingredienser

4 spiseskefulde raffineret vegetabilsk olie

500g/1lb 2oz paneer_*, hakket

2 store løg, reduceret til en pasta

1 tsk ingefærpasta

1 tsk hvidløgspasta

1 tsk chilipulver

300 g/10 oz tomatpuré

200 g/7 oz yoghurt, pisket

250 ml/8 fl oz flydende fløde

Salt efter smag

Metode

- Varm 1 spsk olie op i en gryde. Tilføj paneer-stykkerne. Steg dem ved middel varme, indtil de er gyldenbrune. Dræn og reserver.

- Tilsæt den resterende olie til den samme gryde. Tilsæt løg, ingefærpasta og hvidløgspasta. Steg i et minut. Tilsæt paneren og resten af ingredienserne. Kog i 5 minutter, rør af og til. Serveres varm.

Tandoori kartoffel

Til 4 personer

ingredienser

16 store kartofler, skrællede

Raffineret vegetabilsk olie til stegning

3 spsk finthakkede tomater

1 spsk hakkede korianderblade

1 tsk garam masala

100 g/3½ oz cheddar, revet

Salt efter smag

Saft af 2 citroner

Metode

- Udkern kartoflerne. Gem kødet og de udhulede dele.

- Varm olien op i en gryde. Tilsæt de udhulede kartofler. Steg dem ved middel varme, indtil de er gyldenbrune. Læg til side.

- I den samme olie tilsættes de rensede kartofler og alle de resterende ingredienser, undtagen citronsaften. Brun ved svag varme i 5 minutter.

- Fyld denne blanding inde i de hule kartofler.

- Bag de fyldte kartofler i ovnen ved 200°C (400°F, gas 6) i 5 minutter.

- Drys citronsaft over kartoflerne. Serveres varm.

Corn karry

Til 4 personer

ingredienser

1 stor kartoffel, kogt og moset

500g/1lb 2oz tomatpuré

3 spiseskefulde raffineret vegetabilsk olie

8 karryblade

2 spiseskefulde besan_*_

1 tsk ingefærpasta

½ tsk gurkemeje

Salt efter smag

1 tsk garam masala

1 tsk chilipulver

3 teskefulde sukker

250 ml/8 fl oz vand

4 aks, skåret i 3 stykker hver og kogt

Metode

- Bland kartoffelmosen godt sammen med tomatpuréen. Læg til side.

- Varm olien op i en gryde. Tilsæt karrybladene. Lad dem krakelere i 10 sekunder. Tilsæt besan og ingefærpasta. Steg ved svag varme, indtil de er brune.

- Tilsæt kartoffel-tomatblandingen og alle de resterende ingredienser undtagen majsen. Lad simre i 3-4 minutter.

- Tilsæt majsstykkerne. Bland godt. Lad simre i 8-10 minutter. Serveres varm.

Grøn Peber Masala

Til 4 personer

ingredienser

1½ spsk raffineret vegetabilsk olie

1 tsk garam masala

tsk gurkemeje

½ tsk ingefærpasta

½ tsk hvidløgspasta

1 stort løg, finthakket

1 tomat, finthakket

4 store grønne peberfrugter, skåret i julien

Yoghurt 125 g/4½ oz

Salt efter smag

Metode

- Varm olien op i en gryde. Tilsæt garam masala, gurkemeje, ingefærpasta og hvidløgspasta. Brun denne blanding ved middel varme i 2 minutter.

- Tilsæt løget. Steg indtil de er gennemsigtige.

- Tilsæt tomat og grønne peberfrugter. Steg i 2-3 minutter. Tilsæt yoghurt og salt. Bland godt. Kog i 6-7 minutter. Serveres varm.

Flaske uden olie

Til 4 personer

ingredienser

Flaske græskar 500g/1lb 2oz*, skrællet og hakket

2 tomater, fint hakkede

1 stort løg, finthakket

1 tsk ingefærpasta

1 tsk hvidløgspasta

2 grønne chilier, finthakket

½ tsk stødt koriander

½ tsk stødt spidskommen

25 g/få korianderblade, finthakket

120 ml vand

Salt efter smag

Metode

- bland alle ingredienserne sammen. Kog i en gryde ved svag varme i 20 minutter. Serveres varm.

Yoghurt okra

ingredienser

3 spiseskefulde raffineret vegetabilsk olie

½ tsk spidskommen frø

500g/1lb 2oz okra, hakket

½ tsk chilipulver

tsk gurkemeje

2 grønne chili, skåret på langs

1 tsk ingefær, finhåret

200 g/7 oz yoghurt

1 tsk besan*, opløst i 1 spsk vand

Salt efter smag

1 spsk korianderblade, finthakket

Metode

- Varm olien op i en gryde. Tilsæt spidskommen frøene. Lad dem spytte i 15 sekunder.

- Tilsæt okra, chilipulver, gurkemeje, grønne chili og ingefær.

- Kog ved lav varme i 20 minutter, rør af og til.

- Tilsæt yoghurt, besanblanding og salt. Kog i 5 minutter.

- Pynt okraen med korianderbladene. Serveres varm.

Karela sauteret

(svitset bitter græskar)

Til 4 personer

ingredienser

4 mellemstore bitre græskar*

Salt efter smag

1½ spsk raffineret vegetabilsk olie

½ tsk sennepsfrø

½ tsk gurkemeje

½ tsk ingefærpasta

½ tsk hvidløgspasta

2 store løg, finthakket

½ tsk chilipulver

¾ tsk jaggery*, revet

Metode

- Skræl de bitre græskar og halver dem på langs. Kassér frøene og skær hver halvdel i tynde skiver. Tilsæt salt og lad stå i 20 minutter. Pres vandet ud. Sæt til side igen.
- Varm olien op i en gryde. Tilsæt sennepsfrøene. Lad dem spytte i 15 sekunder.
- Tilsæt resten af ingredienserne og steg ved middel varme i 2-3 minutter. Tilsæt den bitre græskar. Bland godt. Kog i 5 minutter ved lav varme. Serveres varm.

Kål med ærter

Til 4 personer

ingredienser

1 spiseskefuld raffineret vegetabilsk olie

1 tsk sennepsfrø

2 grønne chili, skåret på langs

tsk gurkemeje

400 g/14 oz kål, fintrevet

125 g friske ærter

Salt efter smag

2 spsk revet kokos

Metode

- Varm olien op i en gryde. Tilsæt sennepsfrø og grønne chili. Lad dem spytte i 15 sekunder.
- Tilsæt resten af ingredienserne, undtagen kokos. Kog ved svag varme i 10 minutter.
- Tilsæt kokos. Bland godt. Serveres varm.

Kartofler med tomatsauce

Til 4 personer

ingredienser

2 spiseskefulde raffineret vegetabilsk olie

1 tsk spidskommen frø

Knip af asafoetida

½ tsk gurkemeje

4 store kartofler, kogt og skåret i tern

4 tomater, fint hakkede

1 tsk chilipulver

Salt efter smag

1 spsk hakkede korianderblade

Metode

- Varm olien op i en gryde. Tilsæt spidskommen, asafoetida og gurkemeje. Lad dem spytte i 15 sekunder.
- Tilsæt resten af ingredienserne, undtagen korianderbladene. Bland godt. Kog ved svag varme i 10 minutter. Pynt med korianderblade. Serveres varm.

Matar Palak

(Ærter og spinat)

Til 4 personer

ingredienser

400 g/14 oz spinat, dampet og hakket

2 grønne chilipeber

4-5 spiseskefulde raffineret vegetabilsk olie

1 tsk spidskommen frø

1 knivspids asafoetida

1 tsk gurkemeje

1 stort løg, finthakket

1 tomat, finthakket

1 stor kartoffel i tern

Salt efter smag

200 g/7 oz grønne ærter

Metode

- Kværn spinat og chilipeber sammen til en fin pasta. Læg til side.

- Varm olien op i en gryde. Tilsæt spidskommen, asafoetida og gurkemeje. Lad dem spytte i 15 sekunder.

- Tilsæt løget. Sauter ved middel varme, indtil de er gennemsigtige.

- Tilsæt de resterende ingredienser. Bland godt. Kog ved lav varme i 7 til 8 minutter, omrør lejlighedsvis.

- Tilsæt spinatpastaen. Lad simre i 5 minutter. Serveres varm.

Kål Masala

(krydret kål)

Til 4 personer

ingredienser

3 spiseskefulde raffineret vegetabilsk olie

1 tsk spidskommen frø

tsk gurkemeje

1 tsk hvidløgspasta

1 tsk ingefærpasta

1 stort løg, finthakket

1 tomat, finthakket

½ tsk chilipulver

Salt efter smag

400 g/14 oz kål, finthakket

Metode

- Varm olien op i en gryde. Tilsæt spidskommen og gurkemeje. Lad dem spytte i 15 sekunder. Tilsæt hvidløgspasta, ingefærpasta og løg. Steg ved middel varme i 2-3 minutter.

- Tilsæt tomat, chilipulver, salt og kål. Bland godt. Dæk med låg og kog ved svag varme i 10-15 minutter. Serveres varm.

Aubergine karry

Til 4 personer

ingredienser

4 grønne chilipeber

2,5 cm/1in ingefærrod

50 g hakkede korianderblade

3 spiseskefulde raffineret vegetabilsk olie

1 tsk mung dhal*

1 tsk urad dhal*

1 tsk spidskommen frø

½ tsk sennepsfrø

500g/1lb 2oz små auberginer, skåret i 5 cm/2in stykker

½ tsk gurkemeje

1 tsk tamarindpasta

Salt efter smag

250 ml/8 fl oz vand

Metode

- Kværn grønne chili, ingefær og korianderblade sammen. Læg til side.

- Varm olien op i en gryde. Tilsæt mung dhal, urad dhal, spidskommen og sennepsfrø. Lad dem spytte i 20 sekunder.

- Tilsæt resten af ingredienserne og chili-ingefærpastaen. Bland godt. Dæk med låg og lad det simre i 10 minutter, mens der røres af og til. Serveres varm.

Simla Mirch ka Bharta

(krydret peberfrugt)

Til 4 personer

ingredienser

3 mellemstore grønne peberfrugter

3 mellemstore røde peberfrugter

3 spiseskefulde raffineret vegetabilsk olie

2 store løg, finthakket

6 fed hvidløg, finthakket

2,5 cm ingefærrod, finthakket

½ tsk chilipulver

tsk gurkemeje

2 tomater, hakkede

1 tsk salt

1 spsk hakkede korianderblade

Metode

- Grill grønne og røde peberfrugter i 5 til 6 minutter. Vend ofte for at sikre, at de er jævnt ristede.

- Skræl det forkullede skind, fjern stilke og kerner og skær peberfrugten i små stykker. Læg til side.

- Varm olien op i en gryde. Tilsæt løg, hvidløg og ingefær. Sauter dem ved middel varme, indtil løgene er gyldenbrune.

- Tilsæt chilipulver, gurkemeje, tomater og salt. Sauter blandingen i 4-5 minutter.

- Tilsæt peberfrugterne. Bland godt. Dæk med låg og kog ved svag varme i 30 minutter.

- Pynt grøntsagerne med korianderbladene. Serveres varm.

Hurtig flaske græskarry

Til 4 personer

ingredienser

1 mellemstor vandflaske*, skrællet og hakket

1 stort løg, finthakket

60 g/2 oz tomater, fint hakkede

4-5 fed hvidløg, hakket

1 spiseskefuld ketchup

1 spsk tørrede bukkehornsblade

½ tsk gurkemeje

teskefuld friskkværnet sort peber

2 spsk mælk

Salt efter smag

1 spsk hakkede korianderblade

Metode

- Kog alle ingredienser, undtagen korianderbladene, i en gryde ved middel varme i 20 minutter, under omrøring af og til. Dæk med låg.

- Rør blandingen forsigtigt. Pynt med korianderblade. Serveres varm.

Kaala Chana Curry

(Sort kikærte karry)

Til 4 personer

ingredienser

250 g/9 oz kaala chana*, gennemblødt hele natten

Knip bagepulver

Salt efter smag

1 liter/1¾ pints vand

1 lille løg

2,5 cm/1in ingefærrod

1 spiseskefuld ghee

1 tomat, i tern

½ tsk gurkemeje

½ tsk chilipulver

8-10 karryblade

1 spiseskefuld tamarindpasta

Metode

- Bland chanaen med natron, salt og halvdelen af vandet. Kog i en gryde ved middel varme i 45 minutter. Mos og reserver.

- Kværn løg og ingefær til en pasta.

- Varm gheen op i en gryde. Tilsæt løg-ingefærpastaen og steg, indtil den er brun.

- Tilsæt chanablandingen og resten af ingredienserne. Bland godt. Lad det simre i 8 til 10 minutter, og rør af og til. Serveres varm.

Kalina

(Blandede grøntsager i mælk)

Til 4 personer

ingredienser

750 ml/1¼ pints mælk

2 umodne bananer, skrællet og hakket

Flaske græskar 250 g/9 oz*, hakket

100 g/3½ oz kål, revet

2 tomater, hakkede

1 stor grøn peberfrugt, hakket

1 tsk tamarindpasta

1 tsk stødt koriander

1 tsk stødt spidskommen

2 tsk chilipulver

2 teskefulde jaggery*, revet

100 g finthakkede korianderblade

2 spiseskefulde khoya*

Salt efter smag

1 spsk korianderblade, finthakket

Metode

- Varm mælken op i en gryde ved middel varme, indtil den begynder at koge. Tilsæt banan og græskar. Bland godt. Kog i 5 minutter.

- Tilsæt resten af ingredienserne, undtagen korianderbladene. Bland godt. Lad simre i 8 til 10 minutter under jævnlig omrøring.

- Pynt kalinaen med korianderbladene. Serveres varm.

Tandoori blomkål

Til 4 personer

ingredienser

1½ tsk chilipulver

1½ tsk garam masala

Saft af 2 citroner

100 g/3½ oz yoghurt

Sort salt efter smag

1 kg blomkålsbuketter

Metode

- Bland alle ingredienserne undtagen blomkålen. Mariner derefter blomkålen med denne blanding i 4 timer.
- Bages i en forvarmet ovn ved 200°C (400°F, gas 6) i 5 til 7 minutter. Serveres varm.

Krydret Kaala Chana

Til 4 personer

ingredienser

500g/1lb 2oz kaala chana_*_, gennemblødt hele natten

500 ml/16 fl oz vand

Salt efter smag

3 spiseskefulde raffineret vegetabilsk olie

Knip af asafoetida

½ tsk sennepsfrø

1 tsk spidskommen frø

2 nelliker

1 cm/½ i kanel

tsk gurkemeje

1 tsk stødt koriander

1 tsk stødt spidskommen

½ tsk garam masala

1 tsk tamarindpasta

1 spsk hakkede korianderblade

Metode

- Kog chanaen med vandet og saltet i en gryde ved middel varme i 20 minutter. Læg til side.

- Varm olien op i en gryde. Tilsæt asafoetida og sennepsfrø. Lad dem spytte i 15 sekunder. Tilsæt den kogte chana og resten af ingredienserne, undtagen korianderbladene. Lad simre i 10-15 minutter.

- Pynt den krydrede kaala chana med korianderblade. Serveres varm.

Tur Dhal Kofta

(Dumpling Red Gram)

Til 4 personer

ingredienser

600g/1lb 5oz masoor dhal*, gennemblødt hele natten

3 grønne chilier, finthakket

3 spsk hakkede korianderblade

60 g revet kokos

3 spiseskefulde spidskommen frø

Knip af asafoetida

Salt efter smag

Raffineret vegetabilsk olie til stegning

Metode

- Vask og mal dhalen groft. Ælt godt sammen med resten af ingredienserne, undtagen olien, indtil du får en blød dej. Del i kugler på størrelse med valnød.
- Varm olien op i en gryde. Tilsæt kuglerne og steg ved svag varme, indtil de er gyldenbrune. Dræn koftaerne og server dem varme.

Blomkål Shahi

(Rig blomkål)

Til 4 personer

ingredienser

8 fed hvidløg

2,5 cm/1in ingefærrod

½ tsk gurkemeje

2 store løg, revet

4 teskefulde valmuefrø

2 spiseskefulde ghee

200 g/7 oz yoghurt, pisket

5 tomater, fint hakkede

200 g/7 oz dåseærter

1 tsk sukker

2 spsk frisk creme fraîche

Salt efter smag

250 ml/8 fl oz vand

500g/1lb 2oz blomkålsbuketter, stegt

8 små stegte kartofler

Metode

- Kværn hvidløg, ingefær, gurkemeje, løg og valmuefrø sammen til en fin pasta. Læg til side.

- Opvarm 1 spsk ghee i en gryde. Tilsæt valmuepastaen. Sauter i 5 minutter. Tilsæt resten af ingredienserne, undtagen blomkål og kartofler. Kog ved svag varme i 4 minutter.

- Tilsæt blomkål og kartofler. Lad det simre i 15 minutter og server varmt.

Okra Gojju

(okra kompot)

Til 4 personer

ingredienser

500g/1lb 2oz okra, skåret i skiver

Salt efter smag

2 spsk raffineret vegetabilsk olie plus lidt mere til stegning

1 tsk sennepsfrø

Knip af asafoetida

200 g/7 oz yoghurt

250 ml/8 fl oz vand

Metode

- Bland okra med salt. Varm olien op på en pande og steg okraen ved middel varme, indtil den er gyldenbrun. Læg til side.
- Opvarm 2 spsk olie. Tilsæt sennep og asafoetida. Lad dem spytte i 15 sekunder. Tilsæt okra, yoghurt og vand. Bland godt. Serveres varm.

Yam i grøn sauce

Til 4 personer

ingredienser

300 g/10 oz yam*, hakket

1 tsk chilipulver

1 tsk amchoor*

½ tsk malet sort peber

Salt efter smag

Raffineret vegetabilsk olie til stegning

Til saucen:

400 g/14 oz spinat, hakket

græskarflaske 100g/3½oz*, revet

Knip bagepulver

3 grønne chilipeber

2 teskefulde fuldkornsmel

Salt efter smag

3 spiseskefulde raffineret vegetabilsk olie

1 cm/½ i ingefærrod, revet i julien

1 lille løg, finthakket

Knip stødt kanel

Metode

- Bland yamskiverne med chilipulver, amchoor, peber og salt.

- Varm olien op i en gryde. Tilsæt yamskiverne. Steg dem ved middel varme, indtil de er gyldenbrune. Dræn og reserver.

- Til saucen blandes spinat, flaskegræskar og bagepulver. Damp (se madlavningsteknikker) blandingen i en dampkoger ved middel varme i 10 minutter.

- Kværn denne blanding med grønne chili, mel og salt til en semi-glat pasta. Læg til side.

- Varm olien op i en gryde. Tilsæt ingefær og løg. Sauter ved middel varme, indtil løget bliver brunt. Tilsæt malet kanel, stødt nelliker og spinatblanding. Bland godt. Kog over medium varme i 8 til 10 minutter, omrør lejlighedsvis.

- Tilføj yam til denne grønne sauce. Bland godt. Dæk med låg og lad det simre i 4 til 5 minutter. Serveres varm.

Simla Mirch ki Sabzi

(Tør grøn peber)

Til 4 personer

ingredienser

2 spiseskefulde raffineret vegetabilsk olie

2 store løg, finthakket

¾ tsk ingefærpasta

tsk hvidløgspasta

1 tsk stødt koriander

tsk gurkemeje

½ tsk garam masala

½ tsk chilipulver

2 tomater, fint hakkede

Salt efter smag

4 store grønne peberfrugter, hakket

1 spsk korianderblade, finthakket

Metode

- Varm olien op i en gryde. Tilsæt løg, ingefærpasta og hvidløgspasta. Sauter ved middel varme, indtil løgene er gyldenbrune.

- Tilsæt alle de resterende ingredienser undtagen korianderbladene. Bland godt. Brun blandingen ved lav varme i 10 til 15 minutter.

- Pynt med korianderblade. Serveres varm.

Blomkål karry

Til 4 personer

ingredienser

3 spiseskefulde raffineret vegetabilsk olie

1 tsk spidskommen frø

tsk gurkemeje

1 tsk ingefærpasta

1 tsk stødt koriander

1 tsk chilipulver

200 g/7 oz tomatpuré

1 tsk pulveriseret sukker

Salt efter smag

400 g blomkålsbuketter

120 ml vand

Metode

- Varm olien op i en gryde. Tilsæt spidskommen frøene. Lad dem spytte i 15 sekunder.
- Tilsæt resten af ingredienserne undtagen vandet. Bland godt. Tilsæt vandet. Dæk med låg og lad det simre i 12-15 minutter. Serveres varm

Haaq

(Spinat karry)

Til 4 personer

ingredienser

1 cm/½ ingefærrod, revet i julien

1 tsk fennikelfrø, knust

2 spiseskefulde raffineret vegetabilsk olie

2 tørrede røde peberfrugter

¼ teskefuld asafoetida

1 grøn chilipeber, delt på langs

Salt efter smag

400 g/14 oz spinat, finthakket

500 ml/16 fl oz vand

Metode

- Tørristning (se<u>madlavningsteknikker</u>) ingefær og fennikelfrø. Læg til side.

- Varm olien op i en gryde. Tilsæt røde chili, asafoetida, grøn chili og salt. Brun denne blanding over medium varme i 1 minut.

- Tilsæt ingefær- og fennikelfrøblandingen. Steg i et minut. Tilsæt spinat og vand. Dæk med låg og lad det simre i 8-10 minutter. Serveres varm.

Tør blomkål

Til 4 personer

ingredienser

3 spiseskefulde raffineret vegetabilsk olie

1 tsk spidskommen frø

tsk gurkemeje

2 grønne chilier, finthakket

1 tsk ingefærpasta

½ tsk pulveriseret sukker

400 g blomkålsbuketter

Salt efter smag

60 ml vand

10 g/¼oz korianderblade, hakket

Metode

- Varm olien op i en gryde. Tilsæt spidskommen frøene. Lad dem spytte i 15 sekunder.

- Tilsæt gurkemeje, grønne chili, ingefærpasta og flormelis. Kog over medium varme i et minut. Tilsæt blomkål, salt og vand. Bland godt. Dæk med låg og lad det simre i 12-15 minutter.

- Pynt med korianderblade. Serveres varm.

Grøntsag Korma

(Blandede grøntsager)

Til 4 personer

ingredienser

3 spiseskefulde raffineret vegetabilsk olie

1 cm/½ i kanel

2 nelliker

2 grønne kardemommebælg

2 store løg, finthakket

tsk gurkemeje

½ tsk ingefærpasta

½ tsk hvidløgspasta

Salt efter smag

300 g/10 oz blandede frosne grøntsager

250 ml/8 fl oz vand

1 tsk valmuefrø

Metode

- Varm olien op i en gryde. Tilsæt kanel, nelliker og kardemomme. Lad dem spytte i 30 sekunder.

- Tilsæt løg, gurkemeje, ingefærpasta, hvidløgspasta og salt. Steg blandingen ved middel varme i 2-3 minutter under konstant omrøring.

- Tilsæt grøntsagerne og vand. Bland godt. Dæk med låg og lad det simre i 5 til 6 minutter under omrøring af og til.

- Tilsæt valmuefrø. Bland godt. Lad simre i yderligere 2 minutter. Serveres varm.

Stegt aubergine

Til 4 personer

ingredienser

500g/1lb 2oz aubergine, skåret i skiver

4 spiseskefulde raffineret vegetabilsk olie

Til marinaden:

1 tsk chilipulver

½ tsk malet sort peber

½ tsk gurkemeje

1 tsk amchoor*

Salt efter smag

1 spsk rismel

Metode

- Bland ingredienserne til marinaden sammen. Mariner aubergineskiverne med denne blanding i 10 minutter.
- Varm olien op i en gryde. Tilsæt aubergineskiverne. Brun dem ved svag varme i 7 minutter. Vend skiverne og steg i 3 minutter. Serveres varm.

Rød tomat karry

Til 4 personer

ingredienser

1 spsk tørre ristede jordnødder (se madlavningsteknikker)

1 spsk ristede cashewnødder (se madlavningsteknikker)

4 tomater, hakkede

1 lille grøn peberfrugt, hakket

3 spiseskefulde raffineret vegetabilsk olie

1 tsk ingefærpasta

1 tsk hvidløgspasta

1 stort løg, hakket

1½ tsk garam masala

tsk gurkemeje

½ tsk sukker

Salt efter smag

Metode

- Bland peanuts og cashewnødder sammen og mal dem. Læg til side.

- Kværn tomater og grøn peber sammen. Læg til side.

- Varm olien op i en gryde. Tilsæt ingefærpasta og hvidløgspasta. Kog over medium varme i et minut. Tilsæt løg, garam masala, gurkemeje, sukker og salt. Steg blandingen i 2-3 minutter.

- Tilsæt peanut-cashew-blandingen og tomat-peber-blandingen. Bland godt. Dæk med låg og lad det simre i 15 minutter. Serveres varm.

Karry Aloo Matar

(Karrykartoffel og ærter)

Til 4 personer

ingredienser

1½ spsk raffineret vegetabilsk olie

1 tsk spidskommen frø

1 stort løg, finthakket

½ tsk gurkemeje

1 tsk stødt koriander

1 tsk stødt spidskommen

1 tsk chilipulver

200 g/7 oz tomatpuré

Salt efter smag

2 store kartofler, hakkede

400 g/14 oz ærter

120 ml vand

Metode

- Varm olien op i en gryde. Tilsæt spidskommen frøene. Lad dem spytte i 15 sekunder. Tilsæt løget. Steg den ved middel varme, til den bliver brun.

- Tilsæt de resterende ingredienser. Lad det simre i 15 minutter. Serveres varm.

Badshahi Baingan

(kongelig aubergine)

Til 4 personer

ingredienser

8 små auberginer

Salt efter smag

30 g/1 oz ghee

2 store løg, skåret i skiver

1 spsk cashewnødder

1 spiseskefuld rosiner

1 tsk ingefærpasta

1 tsk hvidløgspasta

1 tsk stødt koriander

1 tsk garam masala

tsk gurkemeje

200 g/7 oz yoghurt

1 tsk korianderblade, hakket

Metode

- Skær auberginerne i halve på langs. Gnid dem med salt og stil dem til side i 10 minutter. Klem overskydende fugt ud og sæt til side igen.

- Varm gheen op i en gryde. Tilsæt løg, cashewnødder og rosiner. Steg dem ved middel varme, indtil de er gyldenbrune. Dræn og reserver.

- Til den samme ghee, tilsæt auberginerne og steg ved middel varme, indtil de er bløde. Dræn og reserver.

- Tilføj ingefærpasta og hvidløgspasta til den samme ghee. Steg i et minut. Bland resten af ingredienserne. Kog i 7-8 minutter ved middel varme.

- Tilsæt auberginerne. Lad simre i 2 minutter. Pynt med de stegte løg, cashewnødder og rosiner. Serveres varm.

Kartofler med Garam Masala

ingredienser

3 spiseskefulde raffineret vegetabilsk olie

1 stort løg, finthakket

10 fed hvidløg, finthakket

½ tsk gurkemeje

1 tsk garam masala

Salt efter smag

3 store kartofler, kogte og skåret i tern

240 ml/6 fl oz vand

Metode

- Varm olien op i en gryde. Tilsæt løg og hvidløg. Steg i 2 minutter.
- Tilsæt de resterende ingredienser og bland godt. Serveres varm.

Tamil Korma

(Grøntsager blandet med tamil)

Til 4 personer

ingredienser

4 spiseskefulde raffineret vegetabilsk olie

1 tsk spidskommen frø

2 store kartofler, hakkede

2 store gulerødder, hakket

100 g/3½ oz grønne bønner, hakket

Salt efter smag

Til krydderiblandingen:

100 g/3½ oz frisk kokosnød, revet

4 grønne chilipeber

100 g/3½ oz korianderblade, hakket

1 tsk valmuefrø

1 tsk ingefærpasta

1 tsk gurkemeje

Metode

- Kværn alle krydderiblandingens ingredienser til en jævn pasta. Læg til side.
- Varm olien op. Tilsæt spidskommen frøene. Lad dem spytte i 15 sekunder.
- Tilsæt resten af ingredienserne og den malede krydderiblanding. Kog i 15 minutter ved lav varme, rør af og til. Serveres varm.

Tørret aubergine med løg og kartoffel

Til 4 personer

ingredienser

3 spiseskefulde raffineret vegetabilsk olie

1 tsk sennepsfrø

300 g/10 oz aubergine, hakket

tsk gurkemeje

3 små løg, finthakket

2 store kartofler, kogte og skåret i tern

1 tsk chilipulver

1 tsk amchoor*

Salt efter smag

Metode

- Varm olien op i en gryde. Tilsæt sennepsfrøene. Lad dem spytte i 15 sekunder.

- Tilsæt auberginerne og gurkemeje. Brun ved svag varme i 10 minutter.

- Tilsæt de resterende ingredienser. Bland godt. Dæk med låg og lad det simre i 10 minutter. Serveres varm.

Koftas Lajawab

(Osteboller med sauce)

Til 4 personer

ingredienser

3 spiseskefulde raffineret vegetabilsk olie

3 store løg, revet

2,5 cm ingefærrod, malet

3 tomater, purerede

1 tsk gurkemeje

Salt efter smag

120 ml vand

Til koftaerne:

400 g/14 oz cheddarost, moset

250 g/9 oz majsmel

½ tsk friskkværnet sort peber

1 tsk garam masala

Salt efter smag

Raffineret vegetabilsk olie til stegning

Metode

- Bland alle kofta-ingredienserne, undtagen olien, sammen. Del i kugler på størrelse med valnød. Varm olien op i en gryde. Tilsæt koftaerne. Steg dem ved middel varme, indtil de er gyldenbrune. Dræn og reserver.

- Varm 3 spsk olie op i en gryde. Tilsæt løgene og sauter indtil de er brune.

- Tilsæt de resterende ingredienser og bland godt. Kog i 8 minutter, rør af og til. Tilsæt koftas til denne sauce og server varm.

Teekha Baingan Masala

(krydret aubergine)

Til 4 personer

ingredienser

2 spiseskefulde raffineret vegetabilsk olie

3 store løg, hakket

10 fed knust hvidløg

2,5 cm ingefærrod, revet

1 tsk tamarindpasta

2 spsk garam masala

Salt efter smag

500g/1lb 2oz små auberginer, hakket

Metode

- Varm 2 spsk olie op i en gryde. Tilsæt løgene. Brun ved middel varme i 3 minutter. Tilsæt hvidløg, ingefær, tamarind, garam masala og salt. Bland godt.
- Tilsæt auberginerne. Bland godt. Dæk med låg og kog ved svag varme i 15 minutter, mens der røres af og til. Serveres varm.

Grøntsag Kofta

(Grøntsagsboller i cremet sauce)

Til 4 personer

ingredienser

6 store kartofler, skrællet og hakket

3 store gulerødder, skrællet og hakket

Salt efter smag

Mel til belægning

2 spsk raffineret vegetabilsk olie plus lidt mere til stegning

3 store løg, skåret i tynde skiver

4 fed hvidløg, finthakket

2,5 cm ingefærrod, finthakket

4 nelliker, stødt

½ tsk gurkemeje

2 tomater, purerede

1 tsk chilipulver

4 spsk creme fraîche

25 g/få korianderblade, hakket

Metode

- Kog kartofler og gulerødder i saltet vand i 15 minutter. Dræn og gem bouillonen. Salt grøntsagerne og mos dem.

- Fordel puréen i citronstore kugler. Overtræk med mel og steg koftaerne i olie ved middel varme, indtil de er gyldenbrune. Læg til side.

- Varm 2 spsk olie op i en gryde. Tilsæt løg, hvidløg, ingefær, nelliker og gurkemeje. Brun ved medium varme i 4 til 5 minutter. Tilsæt tomater, chilipulver og grøntsagsfond. Lad simre i 4 minutter.

- Tilsæt koftas. Pynt med fløde og korianderblade. Serveres varm.

Tørt græskar

Til 4 personer

ingredienser

3 spiseskefulde raffineret vegetabilsk olie

1 tsk spidskommen frø

tsk gurkemeje

tsk stødt koriander

Salt efter smag

750g/1lb 10oz græskar, hakket

60 ml vand

Metode

- Varm olien op i en gryde. Tilsæt spidskommen og gurkemeje. Lad dem spytte i 15 sekunder.
- Tilsæt de resterende ingredienser. Bland godt. Dæk med låg og lad det simre i 15 minutter. Serveres varm.

Diverse grøntsager med bukkehorn

Til 4 personer

ingredienser

4-5 spiseskefulde raffineret vegetabilsk olie

1 tsk sennepsfrø

½ tsk bukkehornsfrø

2 store løg, finthakket

2 store søde kartofler i tern

4 små auberginer i tern

2 store grønne peberfrugter i tern

3 store kartofler i tern

100 g/3½ oz grønne bønner, hakket

½ tsk gurkemeje

1 tsk chilipulver

2 spiseskefulde tamarindpasta

1 spsk hakkede korianderblade

8-10 karryblade

1 tsk sukker

Salt efter smag

750 ml/1¼ pints vand

Metode

- Varm olien op i en gryde. Tilsæt sennep og bukkehornsfrø. Lad dem spytte i 15 sekunder. Tilsæt løgene. Steg indtil de er gennemsigtige.

- Tilsæt resten af ingredienserne undtagen vandet. Bland godt. Tilsæt vandet. Lad det simre i 20 minutter. Serveres varm.

Dum Gobhi

(Simret blomkål)

Til 4 personer

ingredienser

2,5 cm ingefærrod, revet i julien

2 tomater, fint hakkede

tsk gurkemeje

1 spiseskefuld yoghurt

½ tsk garam masala

Salt efter smag

800 g blomkålsbuketter

Metode

- Bland alle ingredienser undtagen blomkålsbuketter.
- Læg blomkålsbuketter i en gryde og hæld denne blanding over dem. Dæk med låg og lad det simre i 20 minutter, mens der røres af og til. Serveres varm.

Chhole

(kikærte karry)

Til 5 personer

ingredienser

375 g/13 oz kikærter, udblødt natten over

1 liter/1¾ pints vand

Salt efter smag

1 tomat, finthakket

3 små løg, finthakket

1½ spsk korianderblade, finthakket

2 spiseskefulde raffineret vegetabilsk olie

1 tsk spidskommen frø

1 tsk ingefærpasta

1 tsk hvidløgspasta

2 laurbærblade

1 tsk sukker

1 tsk chilipulver

½ tsk gurkemeje

1 spiseskefuld ghee

4 grønne chili, skåret på langs

½ tsk stødt kanel

½ tsk stødt nelliker

Saft af 1 citron

Metode

- Bland kikærterne med halvdelen af vandet og saltet. Kog denne blanding i en gryde ved middel varme i 30 minutter. Tag af varmen og dræn kikærterne.

- Kværn 2 spsk kikærter med halvdelen af tomaten, et løg og halvdelen af korianderbladene til en fin pasta. Læg til side.

- Varm olien op i en stor gryde. Tilsæt spidskommen frøene. Lad dem spytte i 15 sekunder.

- Tilsæt de resterende løg, ingefærpasta og hvidløgspasta. Svits denne blanding ved middel varme, indtil løgene er gyldenbrune.

- Tilsæt den resterende tomat sammen med laurbærblade, sukker, chilipulver, gurkemeje og kikærte-tomatpasta. Steg denne blanding ved middel varme i 2-3 minutter.

- Tilsæt de resterende kikærter med det resterende vand. Lad simre i 8-10 minutter. Læg til side.

- Varm gheen op i en lille gryde. Tilsæt grønne chili, stødt kanel og nelliker. Lad dem spytte i 30 sekunder. Hæld denne blanding over kikærterne. Bland godt. Drys citronsaften og de resterende korianderblade over toppen af hulen. Serveres varm.

Aubergine karry med løg og kartofler

Til 4 personer

ingredienser

3 spiseskefulde raffineret vegetabilsk olie

2 store løg, finthakket

1 tsk ingefærpasta

1 tsk hvidløgspasta

1 tsk stødt koriander

1 tsk stødt spidskommen

1 tsk chilipulver

tsk gurkemeje

120 ml vand

Salt efter smag

250 g/9 oz små auberginer

250 g babykartofler, skåret i halve

50 g finthakkede korianderblade

Metode

- Varm olien op i en gryde. Tilsæt løgene. Steg indtil de er gennemsigtige.
- Tilsæt resten af ingredienserne, undtagen korianderbladene. Bland godt. Lad det simre i 15 minutter.
- Pynt med korianderblade. Serveres varm.

Simpel flaske græskar

Til 4 personer

ingredienser

½ spiseskefuld ghee

1 tsk spidskommen frø

2 grønne chili, skåret på langs

vandflaske 750g/1lb 10oz*, hakket

Salt efter smag

120 ml mælk

1 spsk tørret kokosnød

10g/¼oz korianderblade, finthakket

Metode

- Varm gheen op i en gryde. Tilsæt spidskommen og grønne chilier. Lad dem spytte i 15 sekunder.
- Tilsæt græskar, salt og mælk. Lad simre i 10-12 minutter.
- Tilsæt de resterende ingredienser. Bland godt. Serveres varm.

Blandet vegetabilsk karry

Til 4 personer

ingredienser

3 spiseskefulde raffineret vegetabilsk olie

1 tsk spidskommen frø

1 tsk stødt koriander

½ tsk stødt spidskommen

1 tsk chilipulver

tsk gurkemeje

½ tsk sukker

1 gulerod, skåret i strimler

1 stor kartoffel i tern

200 g/7 oz grønne bønner, hakket

50 g blomkålsbuketter

Salt efter smag

200 g/7 oz tomatpuré

120 ml vand

10g/¼oz korianderblade, finthakket

Metode

- Varm olien op i en gryde. Tilsæt spidskommen, kværnet koriander og spidskommen. Lad dem spytte i 15 sekunder.

- Tilsæt resten af ingredienserne, undtagen korianderbladene. Bland godt. Lad det simre i 15 minutter.

- Pynt karryen med korianderblade. Serveres varm.

Tørrede blandede grøntsager

Til 4 personer

ingredienser

3 spiseskefulde raffineret vegetabilsk olie

1 tsk spidskommen frø

1 tsk stødt koriander

½ tsk stødt spidskommen

tsk gurkemeje

1 gulerod, finthakket

1 stor kartoffel i tern

200 g/7 oz grønne bønner, hakket

60 g blomkålsbuketter

Salt efter smag

120 ml vand

10 g/¼oz korianderblade, hakket

Metode

- Varm olien op i en gryde. Tilsæt spidskommen frøene. Lad dem spytte i 15 sekunder.

- Tilsæt resten af ingredienserne, undtagen korianderbladene. Bland godt og kog i 15 minutter ved lav varme.

- Pynt med korianderblade og server varm.

Kartofler og tørrede ærter

Til 4 personer

ingredienser

3 spiseskefulde raffineret vegetabilsk olie

1 tsk spidskommen frø

½ tsk gurkemeje

1 tsk garam masala

2 store kartofler, kogte og skåret i tern

400 g/14 oz kogte ærter

Salt efter smag

Metode

- Varm olien op i en gryde. Tilsæt spidskommen og gurkemeje. Lad dem spytte i 15 sekunder.

- Tilsæt de resterende ingredienser. Sauter ved middel varme i 5 minutter. Serveres varm.

Dhokar Dhalna

(Bengal Gram Curry)

Til 4 personer

ingredienser

300 g/10 oz chana dhal*, gennemblødt hele natten

2 spsk sennepsolie

1 tsk spidskommen frø

Salt efter smag

5 cm/2in kanel

4 grønne kardemommebælg

6 nelliker

½ tsk gurkemeje

½ tsk sukker

250 ml/8 fl oz vand

3 store kartofler, skåret i tern og stegt

Metode

- Kværn chana dhal med nok vand til at danne en glat pasta. Læg til side.

- Varm halvdelen af olien op i en gryde. Tilsæt halvdelen af spidskommen. Lad dem spytte i 15 sekunder. Tilsæt dhal-pastaen og salt. Steg i 2-3 minutter. Dræn og fordel på en stor tallerken og lad det sidde. Skær i stykker på 2,5 cm. Læg til side.

- Steg disse dhal-stykker i den resterende olie, indtil de er gyldenbrune. Læg til side.

- I samme olie tilsættes resten af ingredienserne, undtagen kartoflerne. Kog i 2 minutter. Tilsæt kartoflerne og dhal-stykkerne. Bland godt. Kog ved svag varme i 4-5 minutter. Serveres varm.

Krydrede stegte kartofler

Til 4 personer

ingredienser

250 ml/8 fl oz raffineret vegetabilsk olie

3 store kartofler, skåret i tynde strimler

½ tsk chilipulver

1 tsk friskkværnet sort peber

Salt efter smag

Metode

- Varm olien op i en gryde. Tilsæt kartoffelstrimlerne. Steg dem ved middel varme, indtil de er gyldenbrune.
- Dræn og bland godt med resten af ingredienserne. Serveres varm.

Kogt gram græskar

Til 4 personer

ingredienser

1 spiseskefuld raffineret vegetabilsk olie

1 tsk spidskommen frø

½ tsk gurkemeje

500g/1lb 2oz græskar, skåret i stykker

125 g/4½ oz kaala chana*, lavede mad

1 tsk stødt koriander

1 tsk stødt spidskommen

1 tsk chilipulver

Salt efter smag

120 ml vand

10g/¼oz korianderblade, finthakket

Metode

- Varm olien op i en gryde. Tilsæt spidskommen og gurkemeje. Lad dem spytte i 15 sekunder.

- Tilsæt resten af ingredienserne, undtagen vand og korianderblade. Steg blandingen ved middel varme i 2-3 minutter.

- Tilsæt vandet. Bland godt. Dæk med låg og lad det simre i 15 minutter, mens der røres af og til.

- Pynt med korianderblade. Serveres varm.

Dum Aloo

(Slow Cooking Kartofler)

Til 4 personer

ingredienser

1 spiseskefuld raffineret vegetabilsk olie

500g/1lb 2oz baby kartofler, kogt og skrællet

Salt efter smag

1 tsk tamarindpasta

Til dejen:

½ tsk chilipulver

tsk gurkemeje

¼ tsk sorte peberkorn

2 tsk korianderfrø

1 sort kardemomme

2,5 cm/1 i kanel

2 nelliker

6 fed hvidløg

Metode

- Mal dejens ingredienser sammen. Varm olien op i en gryde. Tilsæt pastaen. Brun ved middel varme i 10 minutter.

- Tilsæt de resterende ingredienser. Bland godt. Kog i 8 minutter. Serveres varm.

Vegetabilsk Makkhanwala

(grøntsager med smør)

Til 4 personer

ingredienser

120ml/4fl oz flydende fløde

½ tsk almindeligt hvidt mel

120 ml mælk

4 spiseskefulde ketchup

1 spiseskefuld smør

2 store løg, finthakket

500g/1lb 2oz blandede frosne grøntsager

1 tsk garam masala

½ tsk chilipulver

Salt efter smag

Metode

- Bland fløde, mel, mælk og ketchup. Læg til side.
- Varm smørret op i en gryde. Tilsæt løgene. Steg dem ved middel varme, indtil de bliver gennemsigtige.
- Tilsæt grøntsagerne, garam masala, chilipulver, salt og fløde-mel-blanding. Bland godt. Lad simre i 10-12 minutter. Serveres varm.

Grønne bønner med mung dhal

Til 4 personer

ingredienser

1 spiseskefuld raffineret vegetabilsk olie

1 tsk sennepsfrø

tsk gurkemeje

2 grønne chili, skåret på langs

400 g/14 oz grønne bønner, hakket

3 spiseskefulde mung dhal*, udblødt i 30 minutter og drænet

Salt efter smag

120 ml vand

2 spsk hakkede korianderblade

Metode

- Varm olien op i en gryde. Tilsæt sennepsfrø, gurkemeje og grønne chili. Lad dem spytte i 15 sekunder.
- Tilsæt resten af ingredienserne, undtagen vand og korianderblade. Bland godt. Tilsæt vandet. Lad det simre i 15 minutter.
- Tilsæt korianderbladene og server varmt.

Krydret kartoffel med yoghurtsauce

ingredienser

1 tsk besan*, blandet med 4 spsk vand

200 g/7 oz yoghurt

750g/1lb 10oz kartofler, kogt og skåret i tern

½ tsk chaat masala*

½ tsk. tsk stødt spidskommen, tørristet (se madlavningsteknikker)

½ tsk chilipulver

tsk gurkemeje

1 spiseskefuld raffineret vegetabilsk olie

1 tsk hvide sesamfrø

2 tørrede røde peberfrugter i kvarte

Salt efter smag

10g/¼oz korianderblade, finthakket

Metode

- Pisk besanpastaen sammen med yoghurten. Læg til side.

- Bland kartoflerne med chaat masala, stødt spidskommen, chilipulver og gurkemeje. Læg til side.

- Varm olien op i en gryde. Tilsæt sesamfrø og chilistykker. Lad dem spytte i 15 sekunder.

- Tilsæt kartoflerne, yoghurtblandingen og salt. Bland godt. Lad simre i 4-5 minutter. Pynt med korianderblade. Serveres varm.

Fyldt grøn peber

Til 4 personer

ingredienser

4 spiseskefulde raffineret vegetabilsk olie

1 stort løg, stødt

½ tsk ingefærpasta

½ tsk hvidløgspasta

1 tsk garam masala

2 store kartofler, kogte og mosede

50 g kogte ærter

1 lille gulerod, kogt og hakket

Knip af asafoetida

Salt efter smag

8 små grønne peberfrugter, frøet

Metode

- Varm ½ spsk olie i en gryde. Tilsæt løget og sauter indtil det er gennemsigtigt.
- Tilsæt resten af ingredienserne, undtagen peberfrugten. Bland godt. Steg i 3-4 minutter.
- Fyld denne blanding i peberfrugterne. Læg til side.
- Varm den resterende olie op i en stegepande. Tilsæt de fyldte peberfrugter. Steg dem ved svag varme i 7 til 10 minutter, vend dem af og til. Serveres varm.

Doi Phulkopi Aloo

(Bengali-stil blomkål og yoghurt kartofler)

Til 4 personer

ingredienser

300 g yoghurt

tsk gurkemeje

1 tsk sukker

Salt efter smag

200 g/7 oz blomkålsbuketter

4 kartofler i tern og let stegt

2 spsk sennepsolie

5 cm/2in kanel

4 grønne kardemommebælg

6 nelliker

2 laurbærblade

Metode

- Bland yoghurt, gurkemeje, sukker og salt. Mariner blomkål og kartofler med denne blanding i 20 minutter.

- Varm olien op i en gryde. Steg de resterende ingredienser i 1-2 minutter.

- Tilsæt de marinerede grøntsager. Kog ved svag varme i 6-7 minutter. Serveres varm.

Grøn peber med Besan

Til 4 personer

ingredienser

4 spiseskefulde raffineret vegetabilsk olie

½ tsk sennepsfrø

500g/1lb 2oz grøn peberfrugt, frøet og hakket

½ tsk gurkemeje

½ tsk stødt koriander

½ tsk stødt spidskommen

500g/1lb 2oz besan*, blandet med 120 ml/4 fl oz vand

1 tsk sukker

Salt efter smag

1 spsk korianderblade

Metode

- Varm olien op i en gryde. Tilsæt sennepsfrøene. Lad dem spytte i 15 sekunder.
- Tilsæt grøn peberfrugt, gurkemeje, stødt koriander og stødt spidskommen. Bland godt. Dæk med låg og lad det simre i 5-7 minutter.
- Tilsæt besan, sukker og salt. Rør indtil besanen dækker peberfrugterne. Pynt med korianderblade. Serveres varm.

Aubergine med ærter

Til 4 personer

ingredienser

2 spiseskefulde raffineret vegetabilsk olie

½ tsk sennepsfrø

Knip af asafoetida

½ tsk gurkemeje

2 store løg, finthakket

2 tomater, fint hakkede

1 tsk sukker

Salt efter smag

120 ml vand

300 g/10 oz små auberginer, hakket

400 g/14 oz friske grønne ærter

25 g/få korianderblade 1 oz

Metode

- Varm olien op i en gryde. Tilsæt sennepsfrø, asafoetida og gurkemeje. Lad dem spytte i 15 sekunder.

- Tilsæt løgene. Steg indtil brun. Tilsæt tomater, sukker, salt, vand, aubergine og ærter. Bland godt. Dæk med låg. Lad det simre i 10 minutter.

- Pynt med korianderblade. Serveres varm.

Bandakopir Ghonto

(Kål i bengalsk stil med ærter)

Til 4 personer

ingredienser

2 spsk sennepsolie

1 tsk spidskommen frø

4 grønne chili, hakket

½ tsk gurkemeje

1 tsk sukker

150 g/5½ oz kål, i tynde skiver

400 g/14 oz frosne ærter

Salt efter smag

¼ tsk stødt kanel

tsk stødt kardemomme

tsk stødt nelliker

Metode

- Varm olien op i en gryde. Tilsæt spidskommen og grønne chilier. Lad dem spytte i 15 sekunder.

- Tilsæt gurkemeje, sukker, kål, ærter og salt. Bland godt. Dæk med låg og kog ved svag varme i 8-10 minutter.

- Pynt med stødt kanel, kardemomme og nelliker. Serveres varm.

www.ingramcontent.com/pod-product-compliance
Lightning Source LLC
Chambersburg PA
CBHW051058050726
47592CB00002B/582